레비나스, 그는 누구인가

모든 것은 윤리의 문제이다

레비나스, 그는 누구인가

모든 것은 윤리의 문제이다

초판 1쇄 인쇄 2019년 3월 22일

초판 1쇄 발행 2019년 3월 29일

—

지은이 박남희

펴낸이 이방원

편　집 강윤경·김명희·안효희·윤원진·정조연

디자인 손경화·박혜옥　**영 업** 최성수　**마케팅** 이미선

—

펴낸곳 세창출판사

신고번호 제300-1990-63호

주　소 03735 서울시 서대문구 경기대로 88 냉천빌딩 4층

전　화 723-8660　　**팩 스** 720-4579

이메일 edit@sechangpub.co.kr　　**홈페이지** http://www.sechangpub.co.kr/

—

ISBN 978-89-8411-812-6 03100

이 도서의 국립중앙도서관 출판시도서목록(CIP)은 서지정보유통지원시스템 홈페이지(http://seoji.nl.go.kr)와 국가자료공동목록시스템(http://www.nl.go.kr/kolisnet)에서 이용하실 수 있습니다. CIP제어번호: CIP2019009753

EMMANUEL
LEVINAS

레비나스, 그는 누구인가

모든 것은 윤리의 문제이다

박남희 지음

세창출판사

레비나스를 만나러 가는 길

아리스토텔레스를 굳이 거론하지 않더라도 사람이 사람들 속에서 사람과 더불어 살아가야 한다는 사실을 부인할 사람은 아무도 없다. 사람이 사람과 더불어 살아야 한다는 것은 포기해서도 포기할 수도 없는 일이다. 그럼에도 우리는 사람이 아닌 다른 온갖 것들—이미지, 상품, 정보, 기술 등—에 둘러싸여 살아가고 있다. 사람을 잃어버린 것인지 사람임을 잊은 것인지 우리는 사람이 넘쳐나는 세상에서 사람이 없어 외로워하고 괴로워하며 힘들어하고 있다. 우리의 삶은 다른 사람과의 관계에 달려 있다 할 만큼 사람이 중요하건만 우리는 사람에 대해 진지하게 사유하지 못했다. 우리의 행복과 불행은 바로 여기에 있는 것이 아닐까.

그렇다면 나와 함께 살아가는 이들은 누구인가. 우리는 이들을 어떻게 만나고 있나. 우리는 이들을 나와 같은, 그러나 나와 다른 인격체로 만나고 있나, 아니면 나와 다르다는 사실을 불편해 하며 이들을 배제하고 소외시키고 있지는 않나. 우리는 혹 이들을 단순히 나의 필요나 목적을 위한 대상으로 삼고 있지는 않은가. 만약 우리가 그들을 나와 같은, 그러나 나와 다른 또 다른 주체로가 아니라 단지 자신을 위한 수단이나 목적으로 여긴다면 과연 우리는 행복할 수 있을까. 그러한 사람들이 모여 사는 사회는 어떠할까. 오늘날 우리 사회에서 발생하는 무수한 갈등과 다툼은 물론 한시도 쉼 없이 일어나는 지구상의 분쟁과 전쟁 역시 바로 이들과의 올바른 관계의 부재 때문이라 한다면 지나친 망상일까.

과학의 발전과 더불어 이전보다 더욱 편리한 문명사회를 살게 된 사람들은 더욱 치밀하고 조밀한 사회 그물망을 구축해 간다. 그런데 이러한 사회 그물망 속에서 사람들은 친밀감이나 유대감보다는 오히려 더 고립화되고, 파편화되어 가는 경향이 있다. 그로 인해 사람들은 행복하기보다는 오히려 다양한 병리 현상에 시달리고 있다면 그 까닭은 왜인가. 아마도 그 이유가 사람을 사람으로서가 아니라 제도나 조직이 주는 편리성에 전도되어 사람을 마치 사물 다루듯 했기 때문이라면, 그래서 사회의 발전과는 반대로 사람들은 오히려 더 우울해지고 외로워지고 불행해진 것이라 한다면 문제는 사회 시스템에 있는 것일까, 아니면 이를 방관하고 방조한 우리에게 있는 것일까.

어찌 되었든 사람들은 이전보다 더욱 외롭고 힘든 상황 속에 있는 것이 사실이고, 사회는 이를 극복하기 위해 나름 다양한 방법을 강구하고 있는 것 또한 사실이다. 그럼에도 사람들은 이전보다 더 힘든 상황으로 내몰리기도 하고 삶의 의욕을 상실하기도 하며, 급기야는 극단적인 방법을 취하기도 한다. 오늘날 우리 사회에 만연해 있는 이러한 현상을 우리는 어떻게 받아들여야 할까. 사회가 변화·발전되어 가는 한 과정으로 여겨야 할까 아니면 더 이상은 감내할 수 없다는 신호음, 경고음으로 들어야 할까. 지금 우리는, 사회는, 인류는 어디로 가고 있는 것일까.

무수히 많은 일로 국경을 넘어 유동해 가는 세계화와 더불어 4차 산업 혁명이라 할 만큼 모든 것이 급변하는 이 시대에 우리는 과연 누구로 살며, 또 어떻게 살아가야 할 것인가 묻지 않을 수 없다. 그런데 이때 레비나스라는 철학자가 생각나는 까닭은 왜일까. 그가 누구이기에 우리는 지금 이러한 문제 앞에서 그를 떠올리는 것일까. 우리는 그를 만나 도대체 무슨 이야기를 하고픈 것일까. 시간과 공간을 달리하는 사람과 만나 나누는 이야기가 과연 여기를 사는 우리에게 무슨 의미가 있을 것인가. 이를 위해 그의 사상 안으로 천천히 들어가 보기로 하자.

차례

2

레비나스 철학의 중요 개념과
그의 사상

1
존재와 존재자

2
윤리

일러두기

이 책의 인용문 『시간과 타자』는 강영안 옮김, 문예출판사, 1998을, 『윤리와 무한』은 양명수 옮김, 다산글방, 2000을, 『존재에서 존재자로』는 서동욱 옮김, 민음사, 2001을, 『전체성과 무한』은 김도형·문성원·손영창 옮김, 그린비, 2018을 말한다.

레비나스에 대하여

-레비나스의 삶과 철학에의 여정

레비나스, 그는 누구인가

에마뉘엘 레비나스(Emmanuel Levinas)는 1906년 지금은 러시아로 합병된 동유럽의 조그마한 나라, 리투아니아의 카우나스에서 유대인 가정의 맏아들로 태어났다. 유대인의 전통에 따라 탈무드의 교육과 성서의 가르침을 받고 자란 레비나스는 지역이 주는 대자연의 광활함과 러시아 문학이 가지는 무한한 상상력에 심취하여 자신만의 세계를 이루어 간다. 그러던 중 17세가 되던 1923년 당시 지성들이 모여들던 프랑스로 건너가 스트라스부르 대학에 입학, 본격적인 사유에로의 길로 들어선다. 레비나스는 1928년에는 다시 독일의 프라이부르크 대학으로 가 후설과 하이데거를 수학하기도 한다. 그리고 1930년 프랑스의 스트라스부르 대학으로 돌아와 「후설 현상학의 직관 이론*Théorie de l'intuition dans la phénoménologie de Husserl*」이라는 논문으로 철학 박사 학위를 받기에 이른다.

이후 독일 현상학을 프랑스에 소개하며 세상에 이름을 널리 알리기 시작한 레비나스는 파리의 동방 이스라엘 사범학교의 교장과 장발의 철학 학교를 거쳐 1961년 푸아티에 대학의 교수가 된다. 그곳에서 후학을 가르치는 일에 전념하다가 6년 뒤인 1967년 낭테르의 파리 10대학으로 옮겨간 레비나스는 다시 6년 뒤인 1973년 소르본 대학의 교수로 부임한다. 레비나스는 그곳에서 교수로서만이 아니라 철학자로서도 활발하게 활동하다가 1979년 역시 6년 동안의 소르본 대학 생활을 끝으로 모든 공직에서 물러난다. 그리고 오직 저술 활동에만 전념하던 레비나스는 1995년 12월 25일 89세의 나이로 세상을 떠나고 만다.

그의 사상의 여정

레비나스의 이러한 삶의 여정은 그의 철학 안에 고스란히 담겨 있다. 그의 철학 안에는 유대인의 경전인 성서와 탈무드의 가르침은 물론, 톨스토이(Lev Nikolaevich Tolstoy), 도스토옙스키, 푸시킨 등 러시아 대문호들의 문학 작품들로부터 얻은 풍요롭고 자유로운 상상력과, 후설(Edmund Husserl), 하이데거(Martin Heidegger) 등의 독일·유럽 철학의 깊은 사유는 물론, 구체적인 행동을 중시하는 열정적인 프랑스 지성에 대한 열망이 하나로 녹아 있다. 그래서 우리는 그를 가리켜 4개 문화의 철학자라 부르기도 한다.

이뿐만 아니라 그의 철학 안에는 디아스포라 유대인으로서 살아야 하는 애환, 즉 한곳에 정착하지 못하고 늘 길을 떠남으로써 낯설고 이질적인 것들과 대면해야 하는 어려움과 감내해야만 하는 차별, 러시아라는 광활한 대지와 거친 자연이 주는 삶의 고달픔과 외경, 그리고 보다 나은 삶을 열망하는 인간으로서 갖는 깊은 고뇌와 더불어 이를 어떻게 구체적으로 이루어 갈 것인가 하는 삶의 의지가 하나로 융합되어 있다.

그러나 무엇보다 그의 철학에 결정적인 영향을 미친 것은 다름 아닌 제2차 세계 대전이다. 2차 대전 당시 연합군의 통역 장교로 참전한 레비나스는 독일군에 포로가 되어 겪은 전쟁의 참상과 죽음과의 대면을 통해 인간에게 가해지는 극단적인 폭력이 도대체 어디에서 기인하는지를 묻는다. 즉 어떻게 사람이 사람을 억압하고 탄압할 수 있는지, 왜 그렇게 많은 사람들이 자신의 의지에 반하여 전쟁의 광기에 휘말려 죽어 가야 하는지, 레비나스는 그 근본적인 원인을 찾아 서양 사유 안으로 깊이 천착해 들어간다. 그리고 여기에는 그동안 서구 사회를 지탱해 온 전통 사유가 깊이 연루되어 있다고 판단한 레비나스는 이제까지 서양 사유가 중요하게 다루어 온 '존재' 중심의 철학을 폐기하고 '존재자' 중심의 새로운 '윤리'철학을 주창하기에 이른다.

 "전통 철학은 스스로 부정할 수 있는 데서가 아니라 타자의 이타성 자체를 통해 자신의 존재를 용서할 수 있는 자유를 외면하고 있다. 다시 말해 전통 철학은 타자와의 대화 속에 깃들여 있는 타자의 이타성야말로 우리를 해방시켜 줄 수 있다는 사실을 과소 평가해 왔다."

「존재에서 존재자로」 중에서

 그가 볼 때 지금까지의 모든 철학은 존재 중심의 철학으로, 존재 철학은 존재라는 이름으로 개별적으로 존재하는 존재자들의 모든 차이를 배제하는 폭력성을 내재하는바, 이런 존재 철학의 폭력성이 현실로 드러난 극단적 사건이 바로 세계 대전이라고 말한다. 서로 다른 개별적 존재자를 특정한 하나의 잣대로 규격화하거나 다수의 논리로 소수의 자유를 억압하는 근본 바탕에는 항상 이 존재 철학이 자리하고 있다며, 레비나스는 존재 철학이 아닌 존재자의 철학을 새롭게 개진한다.
 존재 철학은 존재 안에 모든 것을 수렴하고 차이 나는 다른 것들을 배제하는 '동일성'의 논리가 내재해 있다고 비판하면서 레비나스는 이러한 동일성에 근거한 존재 중심의 철학이 아닌, 서로 다른 차이를 인정하는 '차이성'에 근거한 존재자의 철학을 새롭게 제안하는 것이다. 이 세상에 있는 모든 것들은 서로 다른 차이를 가지고 있는바, 그 무엇으로도 대치할 수 없는 이 차이야말로 모든 존재자의 존재성이라 하며, 레비나스는 이 차이를 부인하는 존재 철학의 폭력성을 고발한다.

그가 생각할 때 실제로 있는 것은 '존재'가 아닌 일정한 시간과 공간 안에 물질을 입고 구체적인 모습을 띠고 있는 개별적 '존재자'들로, 이들은 서로 다른 시간과 공간 안에서 서로 다른 모습을 하고 있기 마련이라 한다. 레비나스는 바로 이 서로 다른 차이를 가지고 있는 존재자에 주목하며 이들과의 관계를 윤리로 이야기하는 것이다. 그가 말하는 윤리란 기존의 당위나 규범이 아닌 우리의 존재성이기 때문에 존재론적인 입장에서의 윤리다. 그렇기에 서로 다른 차이를 가진 존재자는 자기와 다른 존재자를 소외시키거나 배제할 것이 아니라 오히려 환대하고 돌볼 수 있어야 한다며 레비나스는 그 당위성을 존재론적인 차원에서 무한 윤리로 해명하는 것이다.

다시 말해 레비나스는 이 세상에 존재하는 모든 존재자는 같음이 아닌 서로 다른 차이를 갖기 마련이며, 서로 다른 그 차이로 존재하는 일이 바로 윤리적인 일이라 한다. 그런 의미에서 레비나스는 윤리야말로 모든 존재자들을 존재케 하는 존재론적인 근거라 하며 윤리를 제1철학으로 논한다. 우리가 이 세상에 존재하는 한 우리는 자신이 존재하는 그 일에 책임을 가진 윤리적 존재라는 것이다. 따라서 이 세상을 살아가는 모든 존재자는 어느 누구도 이러한 윤리로부터 자유로울 수 없다며 윤리를 무한 윤리로 이야기한다.

레비나스 철학의 특징과 그 이론적 근거

레비나스 철학의 특징은 이와 같이 첫째는 '존재'가 아닌 '존재자'를 다루며, 두 번째는 '존재하는 일'과 '윤리적인 일'을 같은 차원에서 다룬다. 그리고 세 번째는 내가 아닌 '타자'에 관심을 기울이고, 네 번째는 이 타자를 나와 같이가 아니라 나보다 더 '우선시'여기며, 다섯 번째는 이 타자와의 관계를 선택이 아닌 '책임'으로 이야기한다는 것, 그리고 여섯 번째는 이 책임을 유한 책임이 아닌 '무한 책임'으로 이야기한다는 데 있다.

이와 같은 레비나스의 철학에 지대한 영향을 미친 두 사람을 꼽자면 누구보다도 '후설'과 '하이데거'를 이야기하지 않을 수 없다. 레비나스는 그의 철학함의 방법적 토대를 후설의 현상학에서 구하고, 또 그를 통해 하이데거 철학의 풍요를 공유한다. 다시 말해 레비나스는 기존의 학문 방법, 즉 동일성의 논리에 의거하여 앎을 추구하기보다는 사태 자체를 직관을 통해서 파악코자 하는 엄밀학으로서의 현상학적 방법, 즉 객관적으로나 주관적으로나 치우치지 않고 주체와 대상 사이의 관계 안에서 일어나는 사태 자체를 직시하려는 후설의 현상학적 방법으로 존재에 대한 이해를 새롭게 구하면서 그만의 독특한 타자 중심의 윤리 철학을 전개하는 것이다.

"철학을 한다는 것이 무엇인지 그 뜻을 알게 된 것은 후설을 통해서다. 굳어진 이론 체계 안에 갇히지 않고, 그렇다고 혼란스런 직관에 의존하지도 않고 철학을 할 수 있는 가능성을 난 후설에게서 발견했다. 개방되어 있으면서도 동시에 뚜렷한 방법이 있다는 느낌, 적절하면서도 정당하게 물음을 묻고, 건너뛰지 않고 치밀하게 철학한다는 느낌을 난 후설에게서 얻었다."

『윤리와 무한』 중에서

다시 말해 레비나스는 인간 존재에 대한 이해를 데카르트처럼 단지 사유하는 존재로서만이 아니라, 그리고 칸트처럼 주관적인 주체로서만이 아니라, 후설과 같이 주관과 객관과의 관계 안에서 달리 드러나는, 구체적 삶의 현실 안에서 이렇게 저렇게 달리 지향하며 있는 사람을 새롭게 규정하는 일에서부터 철학 하기를 시작한다. 그리고 구체적 시간과 공간 안에 거하는 존재자에 대해 심도 있게 파고드는 하이데거의 '현존재 분석'에 힘입어 그는 이전과 다른 그만의 철학을 새로이 정립해 간다.

실제로 레비나스는 하이데거의『존재와 시간』을 가장 중요한 철학서로 이야기할 만큼 하이데거 철학에 매력을 느꼈다. 특히 하이데거가 후설의 현상학적 방법에 의거하여 사람을 시간과 공간이라는 구체적인 상황 안에 있는 현-존재(Da-sein)로 이야기하며, 존재하는 것은 구체적 모습을 하고 이 세상에 존재하는 존재자(Seinde)로, 존재는 존재자를 통해서만 존재할 수 있다는 하이데거의 주장에 크게 매료된다. 물론 그가 눈에 보이는 가시적인 것, 물질적인 것, 다시 말해 구체적인 몸, 행위를 중시하는 프랑스의 지적 풍토에 영향을 받은 것도 사실이지만 존재가 아닌 '존재자 중심의 철학'을 전개할 수 있었던 것은 누가 뭐라 해도 하이데거로부터의 영향이라 할 것이다.

그러나 레비나스는 또 그만큼 하이데거를 비판하기도 했다. 하이데거가 존재자를 이야기하지만 결국에는 존재로 전향하고 있다는 면에서 레비나스는 하이데거 역시 동일성을 추구하는 존재 철학에서 크게 벗어나 있지 않다고 비판한다. 그리고 이 세상에 실제로 존재하는 것은 존재가 아니라 다양한 모습을 하고 있는 존재자라 하며, 일정한 시간과 공간 속에서 물질을 입고 살아가는 존재자는 자기와 다른 존재자인 타자와 더불어 살아가야 하는바, 이를 그는 환대의 윤리로 설명하는 것이다. 다시 말해 레비나스는 나와 다른 존재자를 환대해야 할 책임이 우리 모두에게 그것도 무한책임으로 있다며 존재자를 중심으로 하는 그만의 독특한 윤리 철학을 존재론적으로 피력해 간다.

레비나스의 저서들

레비나스의 이러한 사상은 그가 수용소 안에서 썼다고 알려진 『존재에서 존재자로De l' existénce à l' existant』(1947)에서는 물론 그를 세상에 알린 『전체성과 무한Toalité et Infini』(1961), 그리고 그의 대표 저서라 할 수 있는 『존재와 달리, 본질을 넘어Autrement qu' être, ou au-delà de l' essence』(1974)와 『시간과 타자Le Temps et l' Autre』(1979) 등에 이르기까지 일관되게 이어지고 있다.

그뿐만 아니라 레비나스는 『후설의 현상학에서 직관 이론Théorie de l' intuition dnas ls phénologie de Hrsserl』(1930), 『후설과 하이데거와 함께 존재를 찾아Em découvrant l' existence avec Husserl et Heidegger』(1949)는 물론 『탈무드 강해Quatre Lectures talmudiques』(1968), 『다른 사람의 휴머니즘Humanisme de l' Autre Homme』(1972), 『모리스 블랑쇼Sur Maurice Blanchot』(1975), 『고유명사Noms propres』(1975), 『성

스러움에서 거룩으로, 탈무드 강해*Du sacré au saint. Cinq nouvelles lectures talmmudiques*』(1977), 『구절을 넘어, 탈무드 강해*Ĺ Au-delà du verset. Lectures et discours talmudiques*』(1982), 『생각에 이르는 하나님*De Dieu qui vient à ĺ idée*』, 〈어려운 자유: 유대교에 대한 에세이*Difficult Freedom: Essays on Judaism*〉(1963)와 〈아홉 개 탈무드*Nine Talmudic Readings*〉(1990) 등 『어려운 자유』(1963), 『관념에게 오는 신에 대해』(1982), 『주체 바깥』(1987), 『우리 사이』(1991) 등을 포함하여 〈존재와 존재자*Existence and Existents*〉(1947), 〈후설과 하이데거와 함께 존재를 발견하다*Discovering Existence with Husserl and Heidegger*〉(1949), 〈어려운 자유*Difficult Freedom*〉(1963), 〈존재와는 다른, 혹은 본질을 넘어서*Otherwise than Being, or Beyond Essence*〉(1974) 등과 같이 다수의 저서와 논문이 있다.

레비나스는 특히 『전체성과 무한』에서 다른 존재자와의 관계가 가지는 윤리의 문제를 동일성의 논리에서 그 가능성과 조건을 분석하며 삶의 일상성 안에서 폭력을 고발함과 동시에 이에 대한 우리의 책임에 대해 이야기한다. 그리고 『존재에서 존재자로』에서는 책임의 문제를 막연한 존재와 구체적 개별자로서 존재자라는 측면에서 재차 다루고, 『존재와 달리, 본질을 넘어』에서는 그동안 서양 사유가 추구해 왔던 존재 철학이 어떻게 폭력성의 근거를 제공하는가를 심도 있게 파고든다. 그리고 존재가 아닌 존재자의 존재론적 구조를 시간과의 관계 속에서 피력하는 『시간과 다른 존재』는 존재자의 윤리 문제를 존재론적 차원에서 더 깊이 천착해 들어간다.

왜 레비나스인가

후설의 철학만이 아니라 하이데거를 비롯한 독일 철학을 프랑스에 소개함으로써 프랑스 지성사에 새로운 영향을 미칠 뿐만 아니라, 다양한 삶의 여정과 독특한 경험을 통해 자신만의 고유한 윤리 철학을 정립시켜 나간 프랑스 유대 철학자 레비나스는 오랫동안 우리의 삶에서 잊힌 윤리의 문제를 다시 거론한다. 그러나 그는 윤리를 아리스토텔레스나 칸트처럼 당위나 규범으로써가 아니라 존재론적 차원에서 자신만의 독특한 윤리 철학을 전개시켜 나간다는 데 특징이 있다. 다시 말해 그는 구체적인 삶 안에서 제기되는 다양한 현실의 문제를 존재와 윤리의 하나 됨 안에서 윤리를 제1의 철학이라 하며 이를 무한 윤리로 설파해 가는 보기 드문 현대 존재 윤리 철학자다. 오늘 우리가 그를 만나고자 하는 이유가 바로 여기에 있다.

레비나스는 실제로 한곳에 정착해서가 아니라 여러 곳을 떠돌아다니며 살아야 했던 디아스포라 유대인으로서 늘 낯설고 이질적인 것과 대면해야만 했다. 그로 인해 차이와 차별에 따른 문제를 겪어야만 했던 레비나스는 그럼에도 낯선 곳을 향하여 떠나는 것을 두려워하거나 주저하지 않고 오히려 이를 자신의 삶의 동력으로 삼아 새로운 삶을 개척해 나간 진정 용기 있는 철학자다. 그는 디아스포라 유대인으로 살면서 겪어야 했던 차별은 물론 2차 세계 대전 시 포로수용소에서의 겪었던 전쟁의 참상, 그리고 전쟁으로 인해 잃어버린 소중한 가족에 대한 기억까지도 회피하거나 배제, 또는 왜곡하지 않고 정면으로 직시하면서 자신의 모든 경험을 철학으로 승화시켜 나간다. 다시 말해 그는 철학을 관념이나 이론 내지 학습으로써가 아니라 실제 자신의 삶과 경험으로 현장에서 구현해 나간 보기 드문 철학자다.

그렇기 때문에 우리는 오늘 우리 앞에 산재해 있는 많은 문제 앞에서, 즉 세계화로 인하여 초래된 다문화 사회 내 서로 다른 차이를 가진 사람과 문화와 전통 앞에서, 삶의 넓이와는 반대로 점점 파편화 되는 사람들 사이에서, 그리고 점점 더 기계화·자동화·사물화 되어 가는 이 시대인으로서, 과연 우리가 무엇을 어떻게 해야 할지 알지 못하고 번민할 때 그의 이야기는 아주 중요한 의미가 있다. 중요하다. 그것은 레비나스가 우리보다 먼저 이런 문제에 당면하였을 뿐만 아니라 이에 대해 아주 깊이 있게 사유하며 자신의 삶을 개척해 나갔기 때문이다. 그렇기에 우리는 레비나스와 더불어 정보사회로 접어든 신 유랑사회에서 저마다 다양한 일로 국경을 넘고, 새로운 문화를 접하며 이질적인 환경을 극복하여야 하는 현실 앞에서, 특히 다문화 가정, 이주 노동자들, 그리고 북한 이탈주민과 더불어 새로운 공동체를 만들어 가야 하는 오늘 우리의 현실 앞에서 그와 더불어 진심 어린 대화를 나누어 볼 필요가 있다.

문화 차이에서 오는 계층 간의 갈등과 경제적 분배 문제에서 오는 문제는 물론, 성별과 종교, 그리고 인종과 지역 등에 다른 차별만이 아니라 아직도 상존하는 지역주의와 정치적 이데올로기 간의 갈등과 분쟁, 특히 고조되고 있는 동북아시아에서의 영토 분쟁은 물론, 점차로 증대되는 기후 난민 그리고 경제적 문제와 연계되어 출현하고 있는 신민족주의 등을 포함하여 수많은 난제 앞에 있는 우리가 과연 지향해야 할 바가 무엇인가를 우리는 그와 더불어 고민해 보아야 할 것이다. 그것은 어쩌면 정치, 경제, 교육의 문제이기 전에 바로 철학의 문제, 그것도 윤리의 문제가 아닐까. 어쩌면 모든 것은 윤리의 부재가 지금 우리들이 당면한 문제는 아닌가.

우리들의 바람과는 달리 아직도 갈등과 분쟁이 그치지 않고 차별과 소외가 난무한 이 세상에서, 특히 새로운 난민 시대의 도래라 할 만큼 각종 이유로 살던 곳을 떠나 살아야 하는 이들과 이를 저지하려는 사람들 사이에서, 지구촌의 자유와 평화는 어떻게 지켜 가야 할 것인가를 고심하지 않을 수 없다. 이에 대해 우리는 이성의 합리적 사유를 통한 의사소통을 중시하는 하버마스(Jürgen Habermas)의 이상적 담화나, 데리다(Jacques Derrida)가 주장하는 차이에 의한 소통불가론과도 다른, 그리고 차이와 공감의 변증법적 대화를 주창하는 가다머(H.G. Gadamer)와도 다른, 레비나스의 환대의 윤리에 근거한 대화를 추구해 보아야 하는 이유가 바로 여기에 있음을 알 수 있다.

2

레비나스 철학의
중요 개념과 그의 사상

스토아 철학자들이 세계 평화를 위한 세계 시민 사회를 이야기한 지 오랜 시간이 흐르고, 로크와 칸트, 그리고 야스퍼스 등 수많은 근현대 철학자들이 되풀이하여 지구촌의 평화와 행복을 강조해 왔음에도 불구하고, 아직도 지구촌에는 여전히 갈등과 분쟁이 그치지 않고 있다. 그 까닭은 뭘까. 레비나스가 지적하듯이 아직도 서구의 지적 전통이 존재를 중심으로 하는 동일성의 논리에 이끌린 패권주의가 팽배하기 때문인가. 도대체 레비나스는 무엇에 근거하여 기존의 전통 철학과 다른 그만의 존재 윤리 철학을 이야기하는가.

　그렇다면 레비나스가 이야기하듯이 존재가 아닌 존재자의 철학에 근거하면 우리가 염려하는 문제는 해소될까. 존재가 아닌 존재자의 철학이란 구체적으로 어떤 철학을 말하는가. 존재자 철학을 주장하는 그의 철학은 다른 이들의 철학과 어떻게 다른가. 또 레비나스가 존재자의 철학과 더불어 오랫동안 사람들이 잊고 있었던 윤리의 문제를 재론하는 까닭은 무엇인가. 이 둘 사이에는 어떠한 관련이 있는가. 도대체 존재자와 윤리는 어떠한 관련이 있기에 레비나스는 존재가 아닌 존재자의 철학을 주장하면서 이를 윤리의 문제로 전개해 가는가. 그리고 그것은 지금 우리가 당면한 현실에서 어떤 의미가 있나. 이를 살펴보기 위해 본격적으로 그의 철학 안으로 들어가 보도록 하자.

1
존재와 존재자

레비나스는 왜 존재(Sein)가 아닌 존재자(Seinde)를 문제 삼는 것일까. 존재는 무엇이고 존재자는 무엇인가. 그 차이는 무엇인가. 레비나스는 왜 하이데거가 서양의 형이상학 전통을 폐기하고 새롭게 존재 철학으로 나와야 한다는 주장에 대해 이의를 제기하며 존재가 아닌 존재자의 철학을 이야기하는 것인가. 레비나스가 말하는 '존재자'란 하이데거의 '존재'와 어떻게 다른가. 레비나스가 그의 철학에서 가장 영향력을 끼친 사람으로 하이데거를 거론하면서도 그를 비판하는 이유는 무엇인가.

존재는 무엇이고 존재자는 무엇인가

당면한 현실은 바로 그 사회를 살아가는 사람들의 생각과 무관하지 않다고 여긴 레비나스는 사람이 사람을 거리낌 없이 죽이는 전쟁의 참상에 대해 그 근본 원인을 찾아 전통 철학을 면밀히 검토해 간다. 그리고 그 원인을 존재 중심의 철학에서 찾는다. 레비나스가 볼 때 그동안 서양 사유는 참으로 존재하는 것이 무엇이며, 이것이 어떻게 다양한 것을 낳으며, 우리는 이를 어떻게 인식하고, 관계하는가를 사유해 왔다고 한다. 서구는 이 참으로 존재하는 것을 근본적인 실재로, 불변하는 진리로, 초월적 존재로, 사물의 원리로, 판단의 근거로, 무한한 능력으로 달리 이야기하지만 이는 언제나 참으로 존재하는 하나를 상정한다는 면에서는 다르지 않다고 하는 것이다. 비록 시대에 따라 참으로 존재하는 이 하나를 실재로, 진리로, 신으로, 정신으로, 이성 등으로 이름을 달리 칭하지만 그동안 서양 사유는 언제나 동일한 무엇을 상정하고 이에 준하여 모든 것을 규정하여 왔다는 점은 다르지 않다는 것이다. 바로 이러한 태도가 현존하는 모든 문제를 야기시켜 왔다고 하면서 레비나스는 존재가 아닌 존재자 중심의 철학을 새로 주창한다.

그에 따르면 이전 사람들은 변화하는 세계 안에서 변하지 않는 무언가를 상정하고 이를 참으로 존재하는 것이라 여기며, 이 세상의 모든 것을 변화하지 않는 참으로 존재하는 이 하나에 의해서 파생된 것이라 이야기한다는 것이다. 그것이 자연 발생적이든, 의지를 가지고 창조되었든, 아니면 힘이 흘러넘쳐 유출되든지, 아니면 어떤 일정한 법칙에 의해 파생되어 나오든, 모든 것은 참으로 존재하는 하나에 의해 이루어진다는 면에서 전통 철학은 항상 존재 중심의 철학을 해 왔다고 한다. 그런데 바로 이런 존재 중심의 철학은 그 안에 모든 것을 수렴하려 한다는 면에서 폭력성을 가지고 있다 한다. 즉 참으로 존재하는 하나와 그렇지 않은 많은 것들을 구분하고, 그 하나 안에 모든 것들을 귀속시키고자 하는 존재 중심의 태도가 오늘의 폭력성을 가져온 근본 원인이라는 것이다. 다시 말해 이 하나를 사람들은 세계 안과 밖으로 이월시키며 합치와 분리를 해 나가지만 바로 그 하나에 다른 모든 것을 포섭하고자 하는 서구의 전통 사유가 현재의 폭력를 야기시킨 근본 원인이라 레비나스는 여기는 것이다.

그런 까닭에 지금까지의 전통 철학이 지향해 왔던 '참으로 존재하는 것'에 대해 의문을 세기하며 레비나스는 존재가 아닌 존재자 중심의 철학을 추구하며 자신만의 철학 하기를 시작한다. 그는 존재한다는 것은 그저 단순한 있음의 상태가 아닌 구체적인 무엇으로 이 세상에 존재하는 것이어야 한다며 이전과 다른 차원에서 존재의 의미를 새롭게 구한다.

"존재란 인간도, 사물도, 인간들과 사물들의 전체도 아니기 때문이다. 존재란 막연한 누군가가 존재한다(on est)는 사실, '있음'이라는 사실이다."

『존재에서 존재자로』 중에서

그가 볼 때 기존의 전통 철학이 주장하는 존재란 그저 막연한 있음을 지칭할 뿐 실제로 무엇으로 있는 것은 아니라며, 참으로 있는 것은 막연하게 있는 상태가 아니라 지금 여기에 구체적인 모습을 하고 있는 차이를 가진 각각의 개별적 존재자들이라 한다. 물질을 입고 일정한 시간과 공간 안에 구체적으로 자기의 모습을 갖추고 드러난 개별적 존재자야말로 참으로 존재하는 것이라며 레비나스는 '존재'가 아닌 '존재자' 중심의 철학을 시도한다.

"무의 배후에서 솟아 나오는 현전은 하나의 존재(un être)도 아니요, 공허에 대해 발휘되는 의식의 기능도 아니다. 그것은 사물들과 의식을 포괄하는 있음의 보편적 사실(일 뿐)이다."

『존재에서 존재자로』 중에서

레비나스가 이러한 생각을 하게 된 데에는 하이데거(Martin Heidegger, 1889-1976)의 현존재 분석에 힘입은 바가 크다. 하이데거는 주관 혹은 객관으로도 치우치지 않은 '사태 자체'(zu den Sachen selbst!)를 목도함으로써 보다 엄밀한 학문의 토대를 정립하고자 한 후설(Edmund Husserl, 1859-1938)의 현상학(phenomenology)에 의거하여, 사람을 그저 있는 존재가 아닌 구체적 시간과 공간 안에 들어선 세계 내 존재(inder-welt-sein)로 표방한다. 존재하는 것은 일정한 세계에 구체인 모습으로 있으며 주변 세계와 관계하며 있는 개별적 존재자라는 하이데거의 새로운 인간 이해는 레비나스의 철학에 커다란 영향을 미친다. 다시 말해 존재하는 것은 구체적인 시간과 공간 안에 존재하는 존재자로, 존재자 없이는 그 어떤 것도 존재할 수 없다는 하이데거의 인간 실존에 대한 분석에 의거하여 레비나스는 새로운 인간 이해, 즉 구체적인 세계와 관계를 하며 있는 존재자 중심의 철학을 하기에 이른다.

그러나 레비나스는 하이데거가 존재자를 이야기하면서도 모든 존재자를 넘어서 있는 존재로의 사유의 전환을 한다는 면에서 하이데거 철학도 결국에는 기존의 철학과 다르지 않다고 비판하면서 하이데거와 다른 자신만의 철학을 새로이 구축해 나간다. 즉 레비나스는 하이데거가 기존의 형이상학을 극복하고자 존재 철학을 주창하지만 그 역시도 존재 안에 모든 존재자를 수렴한다는 면에서는 전통 철학과 크게 다를 바가 없다고 비판하면서 하이데거와는 달리 존재자 중심의 철학을 전개하는 것이다. 물론 하이데거가 형이상학으로서의 신, 다시 말해 전통 철학에서 말하는 유일하게 존재한다는 실체로서의 신을 폐기하고, 모든 존재자를 존재하게 하는 존재성으로 존재를 달리 규정하기는 하지만 그가 지금 여기를 살아가는 존재자(Seinde)보다는 존재자의 존재를 지향한다는 면에서는 전통 철학과 크게 다를 바 없다고 하는 것이다. 그래서 레비나스는 하이데거와 달리 존재가 아닌 존재자 중심의 철학을 윤리와 연결하며 그만의 독특한 존재 윤리 철학을 전개해 간다.

"존재와 존재자의 구별은『존재와 시간』가운데서 가장 심오한 사상으로 보인다. 하지만 하이데거에게는 구별이 있을 뿐 분리가 없다. … 주체가 없는 존재, 존재자 없는 존재의 관념은 이렇게 생겨난다. … 그런데 우리는 존재자 없는 존재에 어떻게 접근할 수 있는가?"

『시간과 타자』 중에서

레비나스는 존재란 그저 있는 상태일 뿐, 현실적으로 물질을 입고 시간과 공간 안에 구체적으로 있는 것이 아니라며 구체적으로 몸을 입고 실제로 존재하는 존재자야말로 참으로 존재하는 것이라 하며, 존재가 아닌 존재자 중심의 철학을 하는 것이다. 그렇다면 레비나스가 존재가 아닌 존재자 중심의 철학을 하는 이유는 무엇인가.

왜 존재가 아니고 존재자인가

레비나스가 참으로 존재하는 것은 막연하게 있는 존재가 아니라 실제로 무엇으로 있는 개별적 존재자라고 주장하는 것은 무슨 이유에서일까. 레비나스는 그동안 서양 사유가 실제로 존재하는 존재자가 아닌 실제로 존재하지도 않는 존재를 사유함으로써, 이 세상에 실제로 존재하는 다양한 존재자들이 오히려 소외되고 배제되는 어리석음을 범하고 말았다고 비판한다. 그렇기 때문에 구체적 현실을 제대로 인지하지 못하고 단순한 관념의 놀이에 빠진 철학은 자신이 자신이게 하는 행위에 아무런 책임을 지지 않는 사람만을 양산해 냄으로써 사회는 무자비한 폭력이 난무하기에 이르렀다고 하며 그 단적인 예가 세계 대전이라 한다.

다시 말해 전통 철학은 구체적인 존재자가 아닌 막연한 존재를 우선시함으로써, 실제로 존재하는 것이 실제로 존재하지도 않는 것에 억눌리고 갇혀서 자신의 삶에 능동적인 주체가 되지 못했다고 한다. 그리하여 자율이 아닌 타율에 의해 부려지는 삶을 살게 된 사람들은 자신이 누려야 할 권리인 자유를 방기하고 무책임한 삶으로 일관해 왔다며 레비나스는 자기로 존재하는 존재자의 존재성과 더불어 책임 있는 사람, 정의로운 사회가 되기 위해서는 존재가 아닌 존재자 중심의 철학이 되어야 한다는 것이다. 실제로 존재하지 않는 막연한 존재는 구체적인 현실에서 아무런 책임을 질 수 없기에, 자신이 자신으로 존재하는 일에 책임을 질 수 있는 존재자 중심의 철학이 되어야 필요가 있다 한다.

"중압감에 시달리는 현전의 벌거벗은 사실은 우리가 존재에, 존재함에 얽매어 있다는 것이다. 우리는 모든 대상으로부터, 모든 내용으로부터 떨어져 나올 수 있지만 (여전히) 현전은 존재한다. 무의 배후에서 솟아 나오는 현전은 하나의 존재(un être)도 아니요, 공허에 대해 발휘되는 의식의 기능도 아니다. 그것은 사물들과 의식을 포괄하는 있음의 보편적 사실이다."

『존재에서 존재자로』 중에서

이런 면에서 레비나스는 하이데거의 철학도 크게 다르지 않다며 하이데거 철학의 문제점이 무엇인가를 예리하게 파고든다. 그는 하이데거가 비록 존재자를 이야기하지만 그가 말하는 존재자란 존재가 드러나는 장소일 뿐, 그는 여전히 존재 중심의 철학에 머물러 있다고 하는 것이다. 레비나스가 볼 때 존재하는 것은 구체적으로 몸을 입고 시간과 공간 안에 현존해야 하는 바, 존재하는 것은 하이데거가 말하는 존재가 아니라 현존재(Dasein)라 하는 개별적 존재자라 한다. 아직 무엇으로 있지 않은 그저 있는 상태인 존재는 구체적 현실에서 책임을 질 수 없다며 레비나스는 구체적으로 물질을 입고 시간과 공간 안에 개별적으로 존재하는 현-존재인 개별적 존재자만이 자기가 자기로 되는 일, 즉 그가 그가 되는 행위에 구체적으로 책임을 가질 수 있다 한다. 그리하여 레비나스는 존재자가 자기로 정립하는 바로 그 일을 윤리적인 일과 연결하며 존재자 중심의 윤리 철학을 전개하는 것이다.

  "익명적인 있음 속에서 자리를 잡음으로써 주체는 스스로를 확립한다. 그 말의 어원학적 의미에서 확립(긍정, affirmation)은 단단한 터전 위에 기반 위에 자리 잡음, 조건 지음(conditionnement), 기초 세움(fondement)이다. 있음의 불면 상태로부터 떨어져 나온 주체는 사유나 의식 또는 정신으로서 나타났다. 우리의 연구는 자아와 세계 사이의 낡은 대립 관계로부터 출발하지 않았다. 매우 일반적인 사실의 의미, 가령 존재자(existant)의 출현, 즉 비인격적 존재(existence)의 한복판에서 명사의 출현 자체의 의미를 규정하는 일이 가장 중요했다. 사실 엄밀히 말해 우리는 비인격적 존재(existence)라는 이름을 붙일 수도 없는데 왜냐하면 이것은 순전하게 동사이기 때문이다. 이름이 사물의 이름인 것과는 달리 동사는 그저 단순한 행위의 이름은 아니다. 동사의 기능은 이름을 붙이는 것이 아니라 언어를 생산하는 것이다. 다시 말해 동사의 기능은 자리를 차지하고 있고 적극성마저 자기로 있는 '존재자들

(existants)'을 동요시키는 시(詩)의 씨앗을 가져오는 것이다."

『존재에서 존재자로』 중에서

이처럼 존재하는 모든 것들의 존재성을 새롭게 해명하면서 '존재 (être)가 아닌 존재자(l'étant)'를 통해 현실의 책임 문제를 확실히 하고 자 하는 레비나스는 후설 현상학을 토대로 하여 개별적 존재자의 윤리 문제를 새롭게 제기한다. 레비나스는 후설의 현상학적 방법 을 통해 존재의 현사실성을 존재가 아닌 존재자로 규정하고, 하이 데거가 존재를 형이상학적 실체가 아닌 세계-내-존재로서 파악하 며, 시간과 공간이라는 구체적 상황 안에 침투해 들어와 있는 존재 자를 그와 다르게 직시한다.

다시 말해 후설이 현상학적 방법으로 사태 그 자체(das Ding an sich) 를 직시하면서도 존재의 선험 형식으로 기울고, 하이데거가 현존 재로서 존재자를 논하면서도 결국에는 다시 존재의 측면으로 치우 치는 것을 문제시하면서, 레비나스는 이들보다 더 철저히 현사실 성에 입각하여 존재 이해를 새롭게 하는 것이다. 그리하여 존재가 아닌 존재자의 존재성을 윤리와 연결하며, 윤리야말로 제1의 형이 상학, 제일 철학이라는 레비나스만의 독특한 존재 윤리철학을 성 립시키는 것이다.

레비나스가 이처럼 존재자의 존재성을 윤리에서 구하며 자신만

42

의 독특한 윤리 철학을 정립할 수 있었던 까닭은 그가 유대의 종교적 전통과 더불어 러시아 문학예술이 주는 풍부한 상상력과 프랑스의 행위하는 지적 풍토 위에서 후설의 현상학과 하이데거의 존재론을 무엇보다도 자신의 삶의 체험과 경험 속에서 깊이 있게 천착해 들어간 까닭일 것이다. 다시 말해 구체적 몸을 가진 한 개별적 존재자로 살아가면서 겪은 삶의 고단함은 추상적이거나 막연한 것이 아니라 아주 구체적이고 생생한 경험이었기 때문이었을 것이다. 더욱이 죽음 앞에서 마주하는 두려움은 하이데거와 같이 선취하는 사유의 이성 운동이 아니라 구체적인 몸을 가진 존재자의 절실하고 처절한 현실이었기 때문이 아니었을까.

'홀로 있음'과 '홀로서기'

그동안 서양 사유가 주장해 온 존재 이해에 일대 변화를 시도하는 레비나스는 참으로 존재하는 것이란 그저 막연히 있는 상태가 아니라 구체적인 무엇으로 있는 것, 다시 말해 물질을 입고 일정한 시간과 공간 안에 들어서는 것, 일정한 공간 안에서 자기를 정립하며 있는 개별적인 것, 그 무엇으로 자신을 세우며 있는, 즉 구체적 형태를 갖추어 자기를 드러내는 것, 자기가 되는 자기 만듦이라는 과정 안에 자기가 되는 자유와 책임을 하나로 갖는 개별적인 존재자, 그것이라 한다. 그런 의미에서 막연하게 있는 상태인 존재를 레비나스는 '홀로 있음'이라 하고, 구체적으로 몸을 입고 이 세상에 들어서는 개별적 존재자를 '홀로서기'로 다르게 구별해서 말한다.

  "'존재함(exister)이란 무엇인가' 하는 질문은 즉, 존재론적 문제는 내부와 외부로의 존재의 분리에 선행해서 제기된다. 존재 속에 기입되는 것은 세계 속에 기입되는 것과는 다르다. 주체에서 대상으로, 자아에서 세계로, 순간에서 타자로 가는 길은 하나의 자리를 통과하는데 이 자리를 통해서 하나의 존재자는 존재 속에 자리 잡는다. 그리고 이 존재는 근심 속에서 개신된다."

『존재에서 존재자로』 중에서

  홀로 있음이란 아직 무엇이지 않은 그저 있음의 상태를 가리킨다. 신체를 가진 개별적 주체(l'être)인 존재자와 달리 존재는 아직 그 무엇으로 드러나지 않는 막연한 상태, 즉 어둠처럼, 그리고 잠처럼 아직 무엇이지 않은 익명의 상태를 가리킨다. 불면증처럼, 그리고 어두운 방의 왕처럼 없는 것(Nating)[1]은 아니나 아직 무엇으로 드

---

1 이때의 '무'란 동양의 무와 다른 의미에서 서양의 존재와 반대되는 의미에서의 무의 개념이다.

러나지 않은, 그래서 아직 구분되고 분별되고 구별되지 않은 막연한 있음의 상태, 그것이라 한다. 아직 빛 안에서 자기의 형태를 드러내지 않은 상태인 존재를 레비나스는 '그저 있음'(li ya)[2]이라 한다. 없는 것은 아니나 그렇다고 아직 무엇으로 있지 않는 그저 있음은 아직 무엇으로 있는 것이 아니라며 레비나스는 이를 존재와 연결시킨다. 아직 구체적인 무엇으로 실재하지 않기에 아무것과도 관계하지 않는 존재는 그러므로 저 홀로 있기 마련이다. 그런 의미에서 레비나스는 존재는 '홀로 있음'이라 한다.

> "우리는 있음의 개념을 어떤 '존재자'로부터, 즉 외재적 사물이나 내재적 세계로부터 빌려 오지 않는다. 확실히 있음은 외재성만큼이나 내재성도 초월한다. 심지어 이 개념은 이 두 가지를 구별할 수 있게 해 주지도 않는다. 존재의 익명적 흐름은 주체, 인격, 또는 사물 등 모두를 침략시키고 침몰시킨다. 우리가 존재자들(les existants)에 접근할 수 있게 해주는 주체/객체의 구별은 존재 일반에 접근하는 성찰의 출발점이 아니다."

『존재에서 존재자로』 중에서

---

2 예를 들면, 불면증과 같은 것을 말한다. 불면중에 걸려서 하는 일들은 잠든 것도 아니고 깨어 있는 것도 아니어서 내가 나의 의식을 가지고 행동하는 것은 아니지만 그렇다고 나의 행동이 아닌 것도 아니라는 점에서 이는 '그저 있음'이라는 측면과 흡사하다고 하겠다.

반면에 물질을 입고 구체적인 무엇이 되어 지금 이 시간과 공간 안에 들어선 개별적 존재자는 전체로부터 분리되어 구체적인 자기가 되는 홀로서기(hypostase)[3]를 하는 것이라며, 레비나스는 존재자는 저 홀로 있는 존재와 달리 홀로서기를 하며 있다 한다. 존재하는 것은 그 무엇으로 존재해야 하는바, 물질을 입어야 하고, 물질을 입은 것은 그 물질로 인하여 일정한 시간과 공간 안에 들어서야 한다. 그리고 일정한 시간과 공간 안에 들어선다는 것은 구체적인 형체를 갖추고 빛 안에 자신을 드러내는 것으로, 빛 안에 드러낸다는 것은 그 무엇으로 자기를 정립하는 일이며, 이는 그냥 있는 것이 아니라 전체로부터 자기를 분리하여 개별자가 되는 일, 즉 자기로 정립하며 홀로 서는 일이라 하는 것이다. 개별자가 된다는 것은 다른 무엇이 아니라 자기가 되는 일이며, 자기가 된다는 것은 홀로 있는 것이 아니라 다른 많은 것들과 차이를 가진 또 다른 존재자가 되는 것이기에 레비나스는 이를 홀로서기라 한다.

　홀로서기는 홀로 있음과는 다르다. 홀로 있는 존재는 다른 존재자를 알지 못할 뿐 아니라 현실의 어떤 문제에 대해서도 알지도 책임을 지지도 않는다. 그러나 전체로부터 분리되어 나오는 존재자는 자기가 되는 그 일을 자기의 책임으로 떠안으며 자기와 같은 그

3　이는 그리스어 'hypostasis'에서 유래된 말로 라틴어로는 'substantia'이다. 우리나라 말로는 실체로 번역되기도 한다.

러나 자기와 다른 존재자를 고려하며 그 일을 자기의 책임으로 여긴다. 홀로서기란 그런 의미에서 자기만을 주장하는 것이 아니라 자기가 자기로 되는 존재성을 스스로 떠맡는 것을 의미한다.

홀로서기를 하는 존재자는 자기와 달리, 또 다르게 홀로서기를 하는 나와 다른 존재자와 마주하면서 자신의 한계를 넘어서고자 욕망하기 마련이다. 전체로부터 분리되어 나와 홀로서기를 하는 존재자는 그 분리에 따른 문제를 자기와 달리 현현하며 있는 또 다른 홀로서기를 하는 개별적 존재자와 마주하고 관계하며 이전과 달리 새로움 앞으로 나아가고자 한다. 그것이 홀로서기를 하는 존재자의 존재성이다. 레비나스는 이를 타자에게로 나아감, 얼굴과 얼굴의 마주함, 자기 초월로 이야기하는 것이다.

홀로서기를 하는 이들은 이처럼 홀로서기 위하여 파생되는 문제, 즉 분리에 따르는 결핍과 한계, 그리고 고독과 자기로 정립하는 고통을 스스로 떠안으며 이를 자기와 다른 존재자와의 관계 속에서 극복해 간다. 이는 선택 사항이 아니라 존재하기 위해 필수 불가결한 요소이다. 레비나스는 이를 존재자의 책임으로 이야기한다. 자기가 되는 일에 전적으로 책임을 떠안으며 홀로서기를 하는 존재자는 바로 그러한 일이 자신의 존재성으로 있는 것이다. 그렇기에 존귀하지 않은 자는 있을 수 없다는 것이 그의 생각이다.

'그저 있음'과 '책임 있는 주체'

그러나 그동안 서양 사유는 홀로서기를 하며 책무를 자기 안에 짊어지고 있는 존재자(existant)가 아닌 아무런 책임도 지지 않는 그 저 있는 존재(exister)를 주시해 왔다고 한다. 그리하여 개별적 존재 자의 존엄성은 상실되고 단지 전체를 위한 부분으로만 전락되어 버린 탓에 일방적 역할만 강조된 사회에서 자유가 부재한 사람들 은 책임 역시 갖지 않게 되었다고 한다. 그래서 레비나스는 사회에 존재자를 함부로 하는 불의와 폭력이 만연하기에 이르렀다고 보았 으며, 이러한 현실로부터 정의로운 사회, 책임 있는 주체들로의 전 환을 시도한다. 즉, 단순히 '그저 있음'이라는 무책임한 존재로부터 각자 자기의 책임을 스스로 떠맡는 홀로서기를 하는 존재자의 철 학을 주창하는 것이다.

레비나스가 생각할 때 존재자보다 존재를 우선시하면서 개별자 를 공동체를 위한 부분으로만 여겨 온 기존의 서양 사유는 개별자 들이 가지는 존엄성, 즉 자유와 권리, 그리고 그에 따른 책임의 문 제에 대해 침묵하면서 암암리에 전체주의라는 지배 이데올로기 의 역할을 담당해 왔다고 한다. 전체주의 사회에서 개별적 존재자 는 아무런 권리도 책임도 가질 수 없다며 레비나스는 폭력이 난무 하는 사태에 대한 근본적인 원인을 다름 아닌 '그저 있는' 존재 중심의 서양 사유에서 찾는다. 전체라는 이름 하에, 그리고 존재라는 이름 하에 존재자를 전체의 부분이자 현상 내지 무가치한 것으로, 수단으로 전락시켜 버린 서구사회는 개별적 존재자들이 주체로서의 삶을 영위할 수 있는 길을 다각도로 차단해 버림으로써 결국은 극단적 폭력 사태를 초래하고 말았다는 것이다.

존재라는 동일성 안에서 차이를 지우고 모두 같아질 것을 강요당한 존재자는 자신의 정체성조차도 망각한 채 자신의 권리와 책무를 방기해 왔다며 레비나스는 존재자의 존재자성을 다시 회복할 것을 요청한다. 그는 존재자는 책임을 지지 않는 존재가 아닌 책임을 지는 개별적 주체로서, 다른 무엇으로 대치 가능한 단순한 사물적 존재가 아니라고 한다. 여기서 사물적 존재라 함은 다른 것을 위한 수단과 방법으로, 그래서 아무렇지도 않게 쉽게 소비하는 물품과 같이 여겨지기 마련인바, 이는 존재자를 존귀하게가 아니라 가볍게 함부로 대하는 것을 의미한다. 레비나스는 바로 이러한 태도가 결국에는 서로 살생을 일삼는 거대한 전쟁으로 이어졌다고 한다.

그런 까닭에 레비나스는 존재자의 존엄성을 회복시키고, 자기가 자기로 되는 책임을 지는 존재자로, 즉 나만이 아니라 서로 존중하고 배려하는 주체로의 전환을 시도한다. 이를 위해 그는 존재한다는 것의 의미를 존재가 아닌 존재자의 측면에서 새롭게 구하며, 존재한다는 것은 단순히 사물로 존재하는 것 이상으로 이 세상에 존귀하지 않은 존재자란 없다 한다. 레비나스는 이 세상에 존재하는 모든 존재자는 자신이 존재하는 그 존재성을 자신 안에 가지는 까닭에 그 누구도 함부로 할 수 없는 존귀한 자라 한다. 이 세상에 존재하는 모든 존재자는 존귀한 존재자로 존중받아야 함과 동시에 자기와 다른 존재자들을 존귀하게 여길 책임이 우리 모두에게 있다며 레비나스는 무수히 많은 생명을 아무렇지도 않게 살생하는 홀로코스트의 참담한 사건도 이런 존재 중심의 서양 전통 철학에서 기인한다고 본다.

레비나스는 이 세상을 살아가는 한 어느 누구도 이러한 권리와 책임에서 자유롭지 않다며, 저마다의 차이를 자신의 정체성으로 갖는 존재자는 자신과 다른 존재자에 대한 책임을 자기의 존재성으로 가지기 마련이라 한다. 그저 있음인 존재는 저 홀로 존재할 뿐 현실의 일들에 아무런 책임을 지지 않으나, 전체로부터 분리되어 홀로서기를 하는 존재자는 자기로 되는 그 구체적 행위를 자기의 책무로 가지기에 현실의 문제에 실질적인 책임을 지는 진정한 주체는 존재가 아닌 바로 존재자라는 것이다. 이처럼 레비나스는 존재자의 존재성을 윤리로 연결한다는 면에서 우리는 그를 가리켜 존재 윤리 철학자라고 한다.

2
윤리

    레비나스가 윤리를 자신의 철학에서 가장 중요하게 여기는 까닭은 무엇인가. 윤리야말로 인간이 인간일 수 있는 가장 기본 요건이기 때문인가. 그래서 모든 것이 윤리적인 일일 수밖에 없기 때문인가. 그는 윤리를 사람다움의 문제에서 사람과 사람의 관계성으로 잇는다. 그렇다면 레비나스는 왜 윤리에 주목하며 윤리를 인간 존재의 가장 기본적인 문제로 다루는 것일까.

그는 왜 윤리를 이야기하나

그가 윤리를 그의 철학에서 가장 중요한 주제로 삼는 까닭은 뭔가. 아마도 결코 무관할 수 없는 그의 삶 때문이 아니었을까. 디아스포라 유대인으로서 늘 낯선 곳으로 떠나야 했던 그가 고된 삶의 여정과 환대받지 못한 이방인으로서 살아야 했던 아픈 경험, 급기야는 2차 대전에서의 나치 학살에 이르기까지, 살면서 겪은 모든 일들이 결국 다 사람다움의 문제와 관련이 있다고 여긴 탓이 아닐까. 즉 우리의 모든 삶은 결국 사람을 사람이게 하는 윤리의 문제에서 기인된다고 보면서 윤리의 부재가 곧 현실의 모든 문제를 야기시켰다고 본 레비나스는 윤리를 제1철학으로 논하며 사람들이 오랫동안 잊고 있었던 윤리의 문제를 재론하는 것 아니겠는가.

레비나스는 사람이 사람을 차별하는 것만이 아니라 그렇게 많은 사람을 아무런 이유도 없이 죽음으로 내몬 전대미문의 현실에 대하여 도대체 어떻게 그런 일이 가능한가를 묻지 않을 수 없었을 것이다. 그것도 사랑의 종교라고 자칭하는 기독교가 약 이천 년 가까이 지배해 온 땅에서 그렇게 많은 사람들이 단지 다르다는 사실 하나로 일방적으로 죽어 가야 했던 현실을 어떻게 달리 설명할 수 있는지, 그러고도 과연 우리가 사랑을 이야기하는 종교인이며, 이성을 가진 사유하는 사람이라고 할 수 있는지를 그는 반문한다. 그리고 이 엄청난 사태를 초래한 근본적인 원인을 그는 다름 아닌 윤리의 문제로 보고, 윤리의 부재가 가져온 작금의 현실에 대하여 서양 철학에 책임을 묻는 것이리라. 레비나스는 처참한 현실에 대해 아무도 책임을 지지 않고 아무에게도 책임을 물을 수 없는, 그저 무감각하고 무기력한 기막힌 현실에 대해 통탄하면서, 존재 중심의 서양 사유에 근본적인 문제가 있음을 역설하며 다시는 이와 같은 역사가 반복되지 않도록 존재가 아닌 존재자의 문제, 그것도 내가 아닌 타자에 대한 책임을 유한이 아닌 무한으로 이야기하는 것이리라.

이를 위해 레비나스는 서양 사유를 지배하고 있는 존재 철학은 동일한 존재 안에 모든 것을 포섭하고자 이 세상에 존재하는 것들의 차이성을 지워 간다며 그것의 문제가 폭력이라는 거대한 사태로 어떻게 파생해 가는지를 여실히 밝혀 나간다. 다시 말해 존재라는 동일성에 따라 모든 것들을 재단하고 배제해 가는 존재 중심의 철학은 존재와 달리 존재자가 가지는 차이를 지워 간다며 레비나스는 그것이 가지는 폭력성에 대해 밝히는 것이다. 즉 차이야말로 자기가 자기로 되는 정체성임에도 존재 철학은 이를 동일성의 논리로 지워 간다는 면에서 존재자에 가하는 폭력을 당연시한다며 작금의 현실, 즉 전쟁과 같은 극단적 폭력과 그에 대해 아무도 책임을 지지 않는 무책임한 사람들이 양신된 까닭 모두 이러한 존재 중심의 철학에 기인한다고 비판하는 것이다.

그가 볼 때 존재하는 것은 구체적인 물질을 입고 시간과 공간 안에 거하는 개별적 존재자로, 개별적 존재자만이 서로 달리 존재하는 차이에 따른 자유와 책임을 가진다. 이때 자유란 무엇이든지 가능한 능력이 아니라 자기가 되는 바로 그 일이 자유이며, 자기가 되는 일에 대한 자유는 곧 자기가 되는 일에 책무와 같다. 자유와 책임은 샴쌍둥이처럼 하나 안에 같이하는 둘로 개별적 존재자만이 자유와 책임을 자기 안에 가지는 주체일 수 있다며 레비나스는 존재자들의 차이란 바로 이러한 자유와 책임에 의해서 만들어지는 것이라는 면에서 존재가 아닌 존재자에 의거한 윤리 철학을 새롭게 전개하는 것이다.

레비나스가 두 번째로 문제 삼는 것은 주-객을 분리하고 주체에 의해 객체를 대상화하는 특정 주체 중심의 서구 근대 사유이다. 특정한 주체 중심의 사유는 자기만이 주체로 여기며 자기와 다른 존재자를 대상화시키고 이를 특정 목적을 위한 수단과 방법으로 삼는다는 데 있다. 그렇기 때문에 근대의 주체사상은 대상이 아닌 자기가 주체가 되고자 하는 헤게모니 다툼이 강하게 일어나기 마련이라고 한 레비나스는 이것이 극대화되고 표출화된 것이 전쟁이라며, 서구의 근대 주체 중심 사유가 어떻게 폭력을 재생산 확대해 가는지를 면밀하게 추적해 간다.

그가 볼 때 특정 주체 중심 사유는 대상을 일방적으로 수단과 방법으로 전락시키는 과정에 억압이라는 폭력성이 개입되는 바, 폭력 그 자체가 중요한 수단으로 작동하며 더욱 거대한 폭력으로 확대 재생산된다는 것이다. 사람들은 이 거대한 힘 앞에 막연한 두려움을 가지고 마치 폭력이 실제로 존재하는 것처럼 그것에 의존하고 종사하기까지 한다며 레비나스는 근대의 주-객 분리로 인하여 파생되는 갈등과 폭력이 난무하는 특정 주체 중심의 사유가 아닌 모두가 자유롭고 행복할 수 있는 새로운 사유, 즉 서로 주체가 될 수 있는 길로 나아갈 것을 요청한다. 그는 자신과 다른 존재자를 자기를 위한 대상으로만 여길 때와 자기와 같은 그러나 자기와 다른 주체로 마주하는 것 사이에는 커다란 간극이 있다며, 다른 존재자를 대상으로 여기는 특정한 주체 중심의 사유가 아니라 서로가 서로를 존중하는 주체와 주체와의 관계를 레비나스는 타자에 대한 환대의 윤리로 이야기하는 것이다.

레비나스가 볼 때 제한된 시간과 공간 안에 살아가는 유한한 존재자는 혼자가 아니라 다른 존재자들과 더불어 살아갈 때만이 생명을 이어갈 수 있다. 자신과 다른 존재자들과의 관계 속에서 새로운 생명을 이어가는 존재자에게 다른 사람과 어떻게 관계하는가 하는 문제는 곧 내가 어떻게 살아가는가 하는 문제가 된다. 레비나스는 이를 어느 한쪽의 일방성에 의해서가 아니라 상호성에 근거하여 만남, 사귐의 관계로 설명하면서 이를 자유와 책임의 문제로 논하는 것이다.

나의 자유는 다른 이들이 자유하듯이 자유하다. 그렇기에 나의 자유는 다른 존재자에 대한 책무를 수반할 때에야 비로소 가능하다. 다른 존재자의 자유를 지켜 줄 수 있어야 나의 자유도 지켜질 수 있는 것이다. 그런 면에서 나의 자유는 곧 다른 이들에 대한 책임이라 할 수 있다. 이 세상을 살아가는 모든 존재자는 그 누구로부터도 자신의 자유를 훼손당하지 않을 권리와 동시에 다른 존재자들의 자유에 대해서도 침해하지 않을 책임을 동시에 갖는다. 레비나스는 나의 자유는 다른 사람의 자유를 지켜 주는 책무를 다할 때에야 비로소 가능하다며 그는 이를 윤리의 문제로 연결하는 것이다.

"보통은 자기가 한 일에 대해서 책임을 진다. 그러나 … 책임이란 원래 다른 사람에 대한 것이다. 그의 책임을 내가 책임져야 한다는 것이 책임성이다. 주체는 자기에 대해(pour soi) 있지 않다. … 주체는 처음부터 다른 사람에 대해 있다."

『윤리와 무한』 중에서

레비나스는 이처럼 나와 다른 사람들에 대하여 서로 자유와 책임을 다하는 삶을 윤리적인 삶이라 하며, 윤리야말로 사람을 사람답게 하는 살림의 일이라 한다. 윤리의 부재는 그러므로 사람의 부재 곧 죽음을 의미한다고 할 수 있다. 그런 차원에서 레비나스의 윤리는 기존 의 윤리를 비판하며 참다운 인간 회복을 시도한다고 할 수 있다. 그렇다면 그가 말하는 윤리란 어떠한 윤리이며, 이는 기존의 윤리와 어떻게 다른가.

제1철학으로서의 윤리

레비나스는 윤리를 제1의 철학으로 이야기한다. 윤리가 제1의 철학이라 함은 무슨 뜻이며 그 이유는 뭘까. 레비나스는 윤리를 아리스토텔레스(Aristoteles)나 칸트(Immanuel Kant)는 물론, 로크(John Locke)나 롤즈(John Rawls)와 같은 여타 사회 철학자들이 주장하는 당위나 규범으로서의 윤리가 아닌, 그것이 그것으로 존재하는 존재자의 존재성, 즉 존재자의 존재 방식이라는 존재론적 차원에서 윤리를 논한다. 그는 이 세상에 존재하는 일 그 자체, 즉 우리가 세상에 이렇게 저렇게 존재하는 바로 그 일이 윤리적인 일이라 하는 것이다.

내가 나인 까닭은 내가 되는 자유와 더불어 나로 있는 책임을 농시에 갖기에 레비나스는 이를 윤리라 하며 존재와 윤리를 하나로 연결한다. 즉 그렇게 존재함이 그렇게 존재하는 자유와 책임을 같이 가지는 한에서 우리는 윤리적이라 하는 것이다. 그동안 서양 사유가 모든 것의 근원, 토대, 원천으로서 절대적인 것을 상정하고 이를 제1의 형이상학으로 이야기한 것처럼 레비나스는 윤리를 모든 존재자들이 존재자일 수 있는 가장 근본적인 문제, 제1의 철학이라 하는 것이다.

그가 윤리를 이렇듯 존재론적 차원에서 다루는 까닭은 모든 존재자의 존엄성과 동시에 아무도 윤리적인 책무에서 벗어날 수 없음을 피력코자 함에 있다. 모든 존재자가 다 같이 존엄할 수 있어야 차별과 무시 배제 등으로부터 거리를 둘 수 있으며, 또 이로 인해 파생된 문제에 대해 우리 모두 책임을 물을 수 있다. 그렇지 않을 경우 이로 인한 차별과 투쟁은 곧 모두를 불행하게 하는 사태를 낳을 수밖에 없다며 레비나스는 이 세상을 살아가는 한 우리 모두는 이런 책무에서 벗어날 수 없다는 차원에서 윤리를 제1의 철학으로 삼는다.

레비나스는 이를 위해 현상학에 근거하여 존재하는 일 그 자체를 새롭게 해명한다. 다시 말해 그는 어떤 특정한 것을 모든 것의 토대, 근원 내지는 절대적인 것으로 언명하지 않는다. 그는 실재성에 근거한 동일성의 논리 방식에 따르지 않고, 현실 안에서 무엇이 실제로 일어나고 있는가를 살피는 현사실성(Faktizität)에 근거하여 존재의 문제를 새롭게 개진하는 것이다. 다시 말해 주관이나 객관 그 어느 것으로도 치우치지 않고 사태 그 자체를 직시하면서 모두가 존엄하고 책임을 질 수 있는 길을 찾고자 하는 것이다. 즉 그는 엄밀학으로서의 현상학을 통해 그렇게 존재함이 곧 그렇게 자유하며, 그렇게 자유함이 곧 그런 책임을 갖는, 존재와 윤리의 하나 됨을 구하는 것이다. 그리고 이에 준하여 윤리를 제1의 철학으로 언표하는 것이다.

현사실성의 차원에서 존재하는 일과 윤리적인 일을 하나로 피력하는 레비나스의 윤리는 윤리적 판단 규정이 외부가 아니라, 즉 타율에 의해 일방적으로 행해지는, 그래서 무엇을 해야 하고 하지 말아야 하는 금지와 허용의 차원이 아닌, 이 세상에 존재하는 일 그 자체가 바로 윤리적인 일임을 주창하는 것이다. 그래서 무엇을 어떻게 해야 하거나 어떤 것이 옳고 그르다고 말하기 이전에 레비나스는 이미 자기가 자기로 있는 있음에 대한 자유와 책임을 하나로 보며 이를 존재 윤리로 이야기하는 것이다.

타자를 위한 환대의 윤리

윤리야말로 참다운 인간의 존재성, 즉 제1의 철학이라고 이야기하는 레비나스는, 그러나 윤리를 자기 자신만의 문제로 한정시키지 않고 타자와의 관계성으로 이끌어 간다. 사람은 자신과 다른 존재자들과 더불어 살아가야 하는 까닭에 나와 다른 존재자인 타자와 어떻게 관계하는가 하는 문제는 곧 내가 어떤 존재자가 되는가, 다시 말해 내가 어떤 존재자로 살아가는가 하는 문제라며 레비나스는 존재함과 윤리를 하나로 연결하며 이를 다시 타자와의 관계로 연결해 간다. 즉 레비나스는 자유와 권리, 그리고 책임과 의무를 타자와의 관계 안에서 논하며 이를 환대의 윤리로 설명하는 것이다.

나와 같은, 그러나 나와 다른 존재자인 타자는 나를 위한 대상이나 수단이 아니라 나와 같은 다른 주체로, 우리는 이들과 마주하고 환대할 수 있어야 한다. 레비나스는 그것이 나의 권리이자 책무라 한다. 왜냐하면 일정한 시간과 공간 안에 제한된 유한한 존재자인 나는 타자를 통해서만 나를 넘어서 새로워질 수 있기 때문이다. 타자를 통해서만 나는 자신을 넘어 달리 새롭게 살아갈 수 있는 까닭에 나는 타자와 더불어 생명을 이어 가야 한다. 그렇기에 이는 선택이 아니라 의무이며 그것도 무한이 반복되는 책무이자 권리다.

타자의 이질성이 나를 힘들게 하는 것이 아니라 나를 살게 하는 것으로, 타자는 나를 살게 하는 자다.

타자는 이처럼 나를 힘들게 하는 자가 아니라 오히려 나를 살게 하는 자로, 우리는 타자를 억압하고 무시하고 배제할 것이 아니라 반대로 환대하고 존중하고 돌볼 수 있어야 한다. 타자는 나를 불편하게 하는 장애나 나를 힘들게 하는 경쟁의 대상, 문제를 일으키는 성가신 이, 또는 나의 것을 빼앗아가는 파렴치한이 아니라, 타자는 우리를 늘 달리 새롭게 하는 자다. 우리가 이들을 환대하고 존중하고 배려할 수 있을 때 나도 너도 함께 살아갈 수 있다는 것이다.

환대란 내 안으로 나와 다른 이들을 기꺼이 받아들이는 열린 태도로, 시간과 공간을 나누고 물질을 나누며 그와 더불어 이전과 달리 새로움을 일구어 가는 것이다. 그가 하는 소리에 귀를 기울이며 그가 원하는 일에 응답하는 것, 그것이 환대. 레비나스는 나와 다른 이들을 배제하지 않고 환대하기 위해서 우리가 무엇보다 그들을 나의 대상이 아닌 나보다 월등한 자로 여길 수 있어야 한다고 한다. 그가 나를 위하는 것이 아니라 내가 그를 위해 있는 것, 즉 자신의 것을 타자에게 내어 줄 수 있을 때, 즉 내가 내 안에 갇히지 않고 그와 함께하기 위해 타자에게로 나아가는 일, 즉 다른 존재자에게로 향하며 그와 더불이 함께하는 일, 그의 일이 그의 일이기만 하지 않고 나의 일이기도 하다는 것을 알고 행하는 일이야말로 환대의 윤리다.

레비나스는 그동안 서구가 지향해 온 정의라는 이름의 분별과 배제의 논리 대신에 이제는 배려와 돌봄이라는 사랑의 논리에 근거하여 환대의 윤리를 행할 것을 제안한다. 기존의 윤리는 정의라는 이름으로 무엇이 옳고 그른가를 판단하고 이에 따라 배제 또는 복속시키는 데 반하여, 환대의 윤리는 나의 일방적 잣대로 남을 함부로 판단하거나 재단하는 것이 아닌, 그것이 그것으로 있는 그대로를 인정하고 받아들이는 열린 태도를 지향한다. 다시 말해 정의라는 이름으로 분별하고 구별하고 나누고 배제하는 것이 아니라 오히려 서로 다른 차이를 인정하며 섬기고 돌보는 일이 환대하는 것이다. 이처럼 레비나스는 나와 다른 이들을 내 안으로 정중히 맞아들이는 열린 태도로 나의 마음, 시간, 공간, 물질, 일 등을 기꺼이 내어 주며 그들과 함께하는 환대의 윤리를 이야기한다. 서로가 환대할 수 있을 때 우리 모두가 죽음이 아닌 생명을, 폭력이 아닌 배려를, 전쟁이 아닌 평화를 이루어 갈 수 있다는 것이 레비나스의 생각이다.

이때 타자는 나와 대립해 있는 자가 아니라, 그리고 나와 동등한 주체이기만 한 것도 아니라, 나보다 더 존중받아야 하는 귀한 자다. 그러기에 내가 무엇을 주장하기에 앞서 나는 그들이 하는 말에 먼저 귀를 기울이며 그가 원하는 바에 응대할 수 있어야 한다고 한다. 그러나 실제로 나와 다른 타자를 환대하기란 그리 쉬운 일은 아니다. 나와 다른 타자를 나보다 우월한 존재로 여기고 섬기고 받들 것을 요구하는 레비나스의 환대의 윤리는 정말 실현 가능한 윤리일까. 더욱이 나보다 어렵고 어리고 힘이 없는 이들에게 그렇게 한다는 것은 정말 쉽지 않다. 그렇기에 레비나스는 윤리를 존재론적으로 논하며 우리에게 선택이 아니라 의무, 그것도 무한 윤리로 이야기하는 것이리라. 그렇지 않을 경우 우리는 실제로 남보다는 자신을 우선시하기 쉬우며, 다른 사람의 권리를 침해하는 것을 당연시하기 쉽기에, 레비나스는 자신보다 타자를 우선하는 타자 중심의 환대의 윤리를 이야기하는 것이리라.

과연 우리는 무한책임을 질 수 있을까

타자를 환대하는 일이 선택 사항이 아닌 의무라 함은 무슨 뜻인가. 레비나스는 타자는 내게 명령하는 자요, 나는 그에 응대해야 하는 자라 한다. 그렇기에 나는 그의 요청에 기꺼이 응대해야 한다는 것이다. 나는 그의 요청에 기꺼이 응대해야 하는 책무를 존재성으로 가진다는 것이다. 그렇기 때문에 티자에 대한 책임은 나의 선택도 유한책임도 아닌 나의 책무이며 그것도 무한책임이라 그는 이야기한다.

레비나스가 타자에 대한 우리의 의무를 유한책임도 아닌 무한책임으로 이야기하는 까닭은 왜일까. 유한한 삶을 사는 우리가 과연 무한책임을 질 수 있나. 이때 무한책임이란 구체적으로 어떤 책임을 이야기하는 것인가. 실제로 자신도 돌보기가 버거운 현실에서 왜 우리는 남에 대해 무한책임을 져야 하나. 불완전한 존재성으로 인하여 늘 부족과 결핍 속에서 시달리는 우리가, 그것도 실수와 실패의 연속 속에서 갈등하며 분쟁하는 우리가, 과연 무한을 이야기한다는 것이 가능한 일이며, 타당하기나 한가. 도대체 레비나스는 어떤 의미에서 우리에게 무한책임을 이야기하는 것일까.

레비나스는 먼저 우리에게 우리가 진정으로 이성을 가진 존재인지를 묻는다. 우리가 정말 이성적 존재라 한다면 어떻게 그렇게 많은 사람들이 서로 죽고 죽이는 처참한 일들이 자행될 수 있었는지. 우리가 정말 이성적 존재라 한다면 우리 모두는 2차 대전에서 자행된 대학살에 대해서 결코 자유로울 수 없음을 엄중히 경고한다. 만약 우리가 이러한 사태에 대한 책임이 없다면, 그래서 아무런 반성과 성찰을 하지 않는다면, 우리는 이성적 존재가 아니거나 이러한 만행은 언제든지 또 되풀이될 수밖에 없음을 강조한다. 그는 우리가 이성적 존재인 한 결코 이런 문제에서 자유로울 수 없으며, 그것은 그때 그 사람들만의 문제나 책임이지만은 않다는 것이다. 우리가 이 세상을 살아가는 한 우리 모두는 이 세상의 모든 일에 책임이 있다며 그것도 무한책임으로 이야기한다.

만약 우리 행동의 원인이 내 밖에서 주어지는 것이라면 그에 대한 책임 또한 내 밖에 있는 것이 맞겠지만 그렇지 않다면, 다시 말해 자기의 권리와 책임이 자기 자신에게 있는 것이라면 모든 일의 책임은 자기에게 있어야 한다는 것이다. 그리하여 레비나스는 책임의 문제를 먼저, 존재론적 차원에서 윤리를 제1의 철학으로 삼는 것이다. 그리고 이를 타자에 대한 환대의 윤리로 확장하면서 그 책임을 무한책임으로 이야기하는 것이다. 이때 무한책임이란 우리의 책임의 범위가 무한히 확장되어야 한다는 의미가 아니라 우리가 살아가는 한 책임이 없지 않다는 의미에서 무한이다. 다시 말해 자신의 의지에 준하거나, 행위에 따른 결과에 의한 것이거나 또는 책임의 대상을 제한하는 것이 아니라, 이 세상을 살아가는 한 우리 모두는 이 세상에서 벌어지는 모든 일에 대해 책임이 없지 않다는 의미에서 무한책임이다.

무한책임이 있다는 것은 내가 살아 있는 주체이며 이성적 존재자라는 것을 의미한다. 주체란 자기 안에 자유와 책임을 가진 자로, 우리는 그에 따른 책임을 가진다는 의미에서 무한이다. 그런 의미에서 레비나스는 근대의 주체는 세상의 일에 아무도 책임을 지지 않은 기형적 주체라 한다. 그런데 그런 기형적 주체는 다름 아닌 서구 전통 철학에 뿌리를 두고 있다고 레비나스는 예리하게 지적한다. 즉 데카르트에 의해 열린 근대의 사유하는 주체는 칸트에 의해 주체와 대상으로, 그리고 다시 헤겔에 의해 특정 목적을 향해서 나가는 과정적 주체로 자기 안에 원인과 목적을 온전하게 갖지 못한 까닭에 항상 다른 곳으로 책임을 유기하는 기형적 주체를 양산해 왔다고 비판하면서 레비나스는 근대의 주체가 아닌 자기 안에 온전히 자유와 책무를 가진 새로운 주체, 윤리적 주체가 될 것을 역설한다. 이를 위해 그는 존재가 아닌 존재자를, 그리고 존재자의 존재성을 윤리로, 윤리를 타자에 대한 환대로, 환대에 대한 책무를 무한으로 확장하며, 책임을 자기 안에 가지는 온전한 주체가 될 것을 이야기한다.

자신의 존재성을 타자와의 관계에서 무한책임으로 가지는 주체는 원하든 원하지 않든 자기가 되는 모든 일에 책임이 있다. 다시 말해 참다운 주체는 여기까지만 이번만이 아니라 이 세상을 살아가는 한, 알든 모르든 이 세상에서 벌어지는 모든 일에 자기가 존재하는 주체로서의 책임을 진다. 레비나스는 이처럼 존재자의 존재성을 윤리로 이야기하며, 이 세상에 존재하는 모든 존재자들을 어떤 특정한 하나의 기준에 의거하여 비교하거나 이에 따라 우열을 논하거나 특정한 목적을 위해 사람을 수단과 방법으로 전락시키지 않고, 사람들과의 관계를 윤리로 논하며 이를 무한책임이라는 환대의 윤리로 이야기하는 것이다.

이 세상에 존재하는 모든 생명체는 그가 누구든 행복하고 자유로운 삶을 살아갈 권리와 책임이 있다. 그러기에 자신의 권리만큼 남의 권리도 지켜야 하는 의무 또한 있는 것이다. 내가 나의 권리를 존중받고 싶듯이 다른 사람도 내게 존중해 줄 것을 요구 한다. 그렇기에 우리는 자신의 권리만이 아니라 다른 이에 대한 책무도 같이 지닌다. 책무를 지지 않는 사람은 아무도 없다. 책무야말로 우리가 이 세상을 살아가는 존재의 또 다른 증표다. 이 세상에 없지 않고 살아가는 모든 존재자들은 각기 나름의 존재성을 자신 안에 가지고 있으며, 그 존재성을 존중받을 권리를 가짐과 동시에 다른 존재자의 권리에 대해서도 존중해야 하는 책무를 가진다. 그리고 이러한 권리와 책무는 여기까지만 이번만 하는 제한된 범위나 한계 안에서의 책임이 아닌 한 무한책임을 가진다. 이 세상에 존재하는 한 우리는 이러한 책무에서 아무도 벗어날 수 없기에 유한책임이 아닌 무한책임을 갖는 것이다.

이처럼 레비나스는 윤리를 무엇을 행하고 하지 않고의 문제가 아니라 이 세상에 존재한다는 것 자체가 윤리적인 일이라 한다. 그렇기에 레비나스는 윤리를 책임의 범위가 점점 더 확장되고 확대되며 팽창해 가는 것이 아니라 우리가 존재하는 한 우리는 존재하는 일에서 무관할 수 없다는 의미에서의 무한책임으로 이야기한다.

물론 우리가 다른 존재자의 만남 속에서 책임을 확장해 가기도 하지만, 그보다는 우리의 존재성이 윤리이기에 우리는 이 세상을 살아가는 한 이 세상에서 벌어지는 모든 일에 무한책임을 갖는다는 의미다. 마치 우리가 숨을 쉬고 살듯이 다른 존재자들에 대한 나의 책무 또한 그렇게 있다는 의미에서 무한책임인 것이다.

　다른 존재자들에 대한 나의 책무가 바로 나의 존재성으로 있다는 것은 어느 누구도, 그리고 그 어떤 일에 대해서도 우리는 결코 무책임할 수 없다는 의미로, 특정한 성자나 성직자만이 책임이 있거나 행해야 하는 것이 아니다. 그리고 또 우리가 성현들처럼 무한한 능력을 가져야 한다는 것도 아니다. 이 세상을 살아가는 한 우리 모두는 자기로 존재하는 그에 따른 권리와 책무를 가진다는 의미에서 그는 윤리를 무한책임으로 이야기하는 것이다. 우리가 진정한 의미에서 자유로운 존재, 즉 주체라 한다면 우리는 그에 따른 책무 또한 지녀야 한다며 레비나스는 우리의 존재성을 윤리로, 그리고 이에 따른 책임을 무한책임으로 이야기하는 것이다. 다시 말해 우리 모두는 이 세상의 모든 일에 대하여 결코 책임이 없지 않다는 것이다. 그때 우리는 자유로운 이성을 가진 인격체일 수 있다.

3
타자

다수의 논리에 의하거나 힘에 의한 일방적인 강요가 아닌 다양한 차이를 가진 나와 다른 존재자를 자신보다 더 존중히 여길 것을 간청하는 레비나스의 환대의 윤리는 우리의 시선을 이전과 다른 곳, 사람, 생명체에게로 향하도록 한다. 레비나스는 같음에서가 아닌 다름, 즉 나와 다른 차이를 가진 타자에 주목하며 우리로 하여금 이전과 다른 새로움 앞으로 나아갈 것을 독려한다. 그는 왜 우리에게 자신이 아닌 타자에게로 향할 것을 권하는가.

타자는 누구인가

　인류 역사상 그 근거를 찾아볼 수 없을 만큼 거대한 폭력이 자행된 이유를 묻지 않을 수 없었던 레비나스는 그 원인을 찾아 서구의 사유 안으로 들어간다. 그렇게 수많은 사람이 아무 이유도 없이 무자비하게 죽어야 했고, 그러한 행위가 또 그렇게 광범위하게 일어날 수 있었던 이유가 어디에 있는가를 물으며 그는 그 원인을 그는 서구 전통 사유의 존재 중심의 철학에서 찾는다. 그동안 서구 사유는 존재자가 아닌 존재에 몰두함으로써 지금 여기에 있는 존재자는 물론, 나와 다른 존재자에 대해 제대로 성찰하지 못한 까닭에 존재자와 존재자의 관계가 상식적으로는 도저히 믿기 어려운 전대미문의 폭력 사태를 가져오고 말았다는 것이다. 다시 말해 그동안 서양 사유는 존재라는 자기 동일성의 논리 안에 머물러 자신의 밖, 이질성, 타자에 대해서 제대로 사유하지 못한 까닭에 서로 다른 모습을 하고 있는 존재자를 함부로 다루는 폭력을 낳고 말았다는 것이다.

　레비나스가 볼 때 타자를 사유한다는 것은 타자를 나의 연장 안에서 생각하는 것이 아니라 타자를 타자 그 자체로 마주하는 것이어야 한다며, 타자는 나와 다른 시간과 공간 안에 들어선 나와 같은 그러나 나와 다른 존재자라는 사실을 깨닫는 일이어야 한다. 전체로부터 분리되어 특정한 시간과 공간 안에 물질을 입고 들어선 구체적 모습을 한 개별적 존재자는 그로 인한 차이를 갖기 마련이다. 다시 말해, 서로 다른 시간·공간·환경이라는 이질적 요소를 존재성으로 하여 지금 여기를 살아가는 개별적 존재자는 결코 동질화될 수 없는 서로 다른 이질성을 가진 자들로 우리 모두는 서로에게 타자다. 그만이 아니라 나도 그에게 타자다. 같음이 아닌 서로 다른 차이를 가진 우리 모두는 서로에게 타자인 것이다. 서로 다른 차이성을 가진 타자가 타자성을 잃는다면 그는 더 이상 내게 타자가 아니다. 그러므로 타자를 사유한다는 것은 나와 같이가 아니라 타자의 타자성이 상실되지 않도록 타자의 타자성을 배려해야 하는 것이다.

"타인을 소유하고 장악하고 인식할 수 있다면 그는 더 이상 타자가 아니다."

『시간과 타자』 중에서

타자를 타자로 사유하지 않고 자신의 연장 안에서 사유하는 것은 타자의 타자성을 무화시키는 것으로 타자에 대한 일종의 폭력이다. 다시 말해 타자를 나와 같이 동질화시키거나 나의 대상으로 여기는 것은 타자를 사유하는 것이 아니라 타자에 대해 폭력을 행사하는 것이다. 타자의 타자성을 유실시키는 즉, 타자를 내 마음대로 재단하고 판단하고 조작하고 기만하는 존재 중심의 사유를 지양하고, 타자를 타자 그 자체로 마주할 수 있도록 존재자 중심으로 사유할 것을 레비나스는 우리에게 간곡히 청한다.

"타자는 우리와 맞서 있는, 그래서 우리를 위협하거나 우리를 차지하고자 하는 자가 아니다. 우리의 힘에 대해 저항적이라는 사실은 우리보다 더 큰 힘을 가졌다는 뜻이 아니다. 그의 힘이 되는 것은 오직 그가 가지는 타자성뿐이다. 그의 타자성에 바로 그의 신비가 있다. … 타인의 타자성을 신비로서, 그리고 이 신비를 수줍음으로 정의할 때 나는 나의 자유와 동일한 자유로서, 그리고 나의 자유에 대항할 수 있는 자유로서 타인을 내세우지 않는다. 나는 타자성을 내세운다. … 나는 한 존재자와 상관하는 것이 아니라 타자성의 사건, 낯섦의 사건에 관계한다. 타자가 본질로서 달고 있는 것은 바로 타자성이다."

『시간과 타자』 중에서

레비나스에 의하면 타자는 나를 위한 자도, 나 또한 타자를 위한 자도 아니다. 타자는 나의 대상이 아니라 나와 다른 모습을 한 또 다른 주체인 개별적 존재자다. 우리는 결코 타자를 알 수도 소유할 수도 없다. 타자는 내가 다가가면 갈수록 뒤로 미끄러져 간다. 우리는 그저 타자를 향하여 조심스럽게 다가가며 마주할 수 있을 뿐이다. 타자는 내가 도저히 어찌할 수 없기에 타자인 것이다. 그 누구도 침범할 수 없는 그 만의 고유한 존재성을 자체 안에 가지고 있는 타자는 그 어떤 방식으로도 획일화되거나 비교될 수가 없는 오직 그 자체로만 존재하는 신비한 자다.

그러나 타자는 나와 전혀 무관한 자이지만은 않다. '지금 여기'라는 한계를 넘어 사유하는 자는 자기와 다른 모습을 하고 있는 타자와 더불어 이전과 달리 새롭게 자신을 만들어 간다. 타자는 나와 다른 시간과 공간 안에서 현현하는 존재의 다른 모습이라는 것을 알기 때문이다. 그러기에 우리는 타자의 이질성을 배척하기보다는 그와 더불어 생명을 이어 간다. 타자는 우리를 힘들게 하고 불편하게 하며 고통스럽게 하는 자가 아니라 오히려 달리 살게 하는 자라는 사실을 아는 것이다. 그러므로 타자를 정복하고 다스려야 할 대상이 아닌 그와 마주하고 함께 해야 하는 이웃이자 친구로 환대할 수 있어야 한다는 것이 레비나스의 생각이다.

그는 타자가 없는 삶은 생각할 수 없다며 타자 없이는 우리의 삶도 지속하기 어렵다 한다. 우리의 삶은 타자와 더불어 만들어 가는 것으로 행복도 불행도 타자와 더불어 주어지는 것이라 한다. 그럼에도 우리는 나와 다른 타자를 억압하고 배제하고 무시하고 배격해 온 것이 사실이다. 이는 티자의 문제가 아니라 우리가 타자를 잘못 안 까닭, 그래서 타자와의 관계를 잘못하는 탓이라 하며 레비나스는 타자를 배재해서가 아니라 타자와 더불어 달리 살아갈 것을 이야기한다. 그것이 우리가 타자를 환대해야 하는 이유다. 그렇다면 우리들이 환대해야 할 타자는 구체적으로 누구인가.

다양한 모습을 한 타자

레비나스의 이런 주장은 그가 실제로 2차 세계 대전 당시 홀로코스트에서 겪은 죽음의 참상과 디아스포라 유대인으로서 이곳저곳을 떠돌며 살아야 했던 고달픈 삶의 여정에서 경험한 일들과 무관하지 않을 것이다. 그렇다면 그는 우리가 마주해야 할 타자는 어떤 모습을 하고 있다고 하나. 서로 다른 시간·공간·환경이라는 이질적 요소를 존재성으로 하여 지금 여기에 현전(現前)하고 있는 존재자는 매우 다양한 모습을 하고 있기 마련이다. 서로 다른 모습을 한 서로에게 타자일 수밖에 없는 이들을 그는 크게 세 부류로 나누어 이야기한다. 먼저 존재자 일반으로서의 타자와 절대로 다가갈 수 없는 궁극적인 타자, 그리고 내가 아닌 너인 타인으로서의 타자가 그것이다. 레비나스는 존재자 일반으로서의 타자를 'autre'로, 절대적인 이질성을 갖기에 우리가 범접할 수조차도 없는 신과 같은 대타자를 'Autre'로, 그리고 나와 다른 그러나 나와 같은 사람인 타인을 'Autrui'로 구분한다. 그러나 이는 단지 구별하기 위함이지 엄격히 분리할 수 있는 것은 아니다.

　레비나스는 일차적으로 타자란 이 세상에 나와 달리 존재하는 모든 것, 즉 시간과 공간을 달리하며 살아가는 존재자 일반을 지칭한다. 그것이 무엇이든 없지 않고 있는 한 그것은 모두 다 나의 타자이다. 그들만이 아니라 나 역시도 그들에게 타자이다. 우리 모두는 서로에게 모두 타자다. 그런 의미에서 우리는 타자에게 둘러싸여 있다고 할 수 있다. 타자 없이는 살아갈 수 없다. 타자 없이 살아갈 수 있는 존재자란 이 세상에 없다. 우리는 타자와 관계하며 살아간다. 레비나스가 그 무엇보다도 타자와의 관계를 중시하는 까닭이 바로 여기에 있다.

　그뿐만 아니라 레비나스는 알 수도 인식할 수도 더욱더 경험할 수도 없는 신처럼, 죽음처럼, 그리고 미래처럼, 우리의 인식 안으로는 절대 포착되지 않는 타자를 이야기한다. 이들 타자는 우리의 인식 안에서는 포착되지 않는 오히려 우리의 인식 한계를 통해서만 드러나는 절대적 타자다. 우리의 인식의 한계를 통해서만 역설적으로 드러나는 이런 타자는 우리로 하여금 인식의 한계를 넘어서 사유하도록 이끈다. 그런 의미에서 이들 타자는 타자의 타자성이라 할 수 있다. 레비나스는 이와 같이 신과 같은 궁극적인 타자를 다른 일반 타자와 구별하여 대타자라 이름한다.

세 번째는 바로 나와 다른 사람, 즉 타인을 타자라 한다. 너는 바로 나의 타자로서 타인이다. 내가 아닌 한에서 너는 나의 타자인 것이다. 내가 사람이기에 그 무엇보다도 나와 다른 사람인 너야말로 나의 타자이다. 너만이 아니라 성이 다르고, 나이가 다르며, 혈통과 인종이 다르고, 국가와 사는 지역이 다르며, 직위와 공부한 것이 다르고, 종교가 다르고, 가진 것, 좋아하는 것, 싫어하는 것 등, 수많은 나와 다른 이들이 다 나의 타자인 것이다.

"양의 범주도 성질의 범주도 타자의 이타성을 기술할 수 없다. 타자는 단순하게 나와 다른 성질에 속하는 것이 아니다. 말하자면 타자는 성질로서 이타성을 지니고 있다. … 사람 사이의 관계는 무관심한 즉자적 관계가 아니며, 서로 교환할 수 있는(interchangeable) 두 항 사이의 상호적 관계도 아니다. 타인으로서 타인은 타아(他我)도 아니다. 타인은 자아, '나'가 아닌 것이다."

『존재에서 존재자로』 중에서

이처럼 레비나스는 타자의 성격에 따라 세 부류로 나누기는 하지만 지금 나와 마주하고 있는 모두가 다 나의 타자라 한다. 사람만이 아니라 동물도 식물도 그리고 무생물, 자연은 물론 신까지도 모두가 다 타자임을 레비나스는 부인하지 않는다. 지금이라는 시간을 살아가는 우리에게는 아직 경험하지 못한 미래도 죽음도 신도 사람도 사물도 다 타자인 것이다. 현재를 사는 내게 미래는 늘 낯설고 두렵고 떨리기 마련이다. 그렇기에 예견은 하여도 예측할 수 없는 것이 미래다.

죽음 역시도 마찬가지다. 죽음은 산 자가 도저히 경험할 수 없는 아직 이루어지지 않은 미래의 사건이다. 그런 의미에서 레비나스는 죽음에 대한 염려(Sorge)에 기초하여 마치 죽음을 선취한 것처럼 이야기하는 하이데거의 철학은 지불하지 않은 것을 지불한 것처럼 여기는 가지급인 어음과도 같다고 비판한다. 그가 생각할 때 죽음은 산자가 도저히 경험할 수 없는 미지의 세계로 우리는 죽음에 대해 이야기할 수 없다는 것이다. 죽음은 산 자가 경험할 수 없는 영원한 타자로, 내가 죽음을 경험하는 것이 아니라 죽음이 오히려 우리를 불식간에 덮쳐 오는 것이라 한다. 그런 의미에서 레비나스는 죽음은 내가 주관하는 것이 아니라 죽음이 우리를 언습해 오는 것이라면서 죽음이야말로 산 자의 영원한 타자라 한다.

레비나스는 자연도 사람에겐 역시 타자라 한다. 자연은 단순히 죽어 있는 사물 덩어리가 아니라 그 자체로 살아 있는 생명이라 한다. 그래서 자연은 사람을 위해 부려지는 자원이 아니라 그 자체로 살아 존재하는 유기체적 생명체라는 것이다. 어쩌면 오늘날 사원의 고갈은 물론 환경 오염과 생태계의 혼란에 따른 기온 이상을 비롯한 많은 난제는 우리가 자연을 나의 타자로서 제대로 마주하지 못했기 때문이 아닌가. 레비나스의 말대로 자연도 그 자체로 살아 있는 우리의 타자라 한다면 겸손하게 그와 더불어 새로운 관계를 모색해야 하지 않을까.

신은 더 말할 나위도 없다. 유한한 삶을 살아가는 우리에게 한계를 상정할 수 없는 무한한 신은 진정 우리의 타자가 아닐 수 없다. 유한한 자가 무한을 품을 수 없듯이 우리는 신을 품을 수 없기에 우리는 신을 알 수도 경험할 수도 없다. 다만 신이 자신을 열어 보인 만큼 그래서 마주할 수 있는 만큼 우리는 그의 흔적을 추론할 뿐이다. 마치 칸트가 물 자체는 알 수 없고 그것이 드러난 현상만을 알 수 있다고 했듯이 우리는 신을 전체로 알 수 없고 단지 신의 흔적만을 쫓을 뿐이다. 그런 의미에서 신은 인간의 영원한 타자, 인간 이성으로는 도저히 넘나들 수 없는 절대 타자이다. 레비나스는 다른 타자와 구별하여 신을 절대적 타자, 대타자라 부른다.

레비나스는 이처럼 너, 타인, 존재자 일반은 물론 절대적 대타자에 이르기까지 무수히 많은 다양한 타자에 대해 이야기한다. 그리고 이 타자들을 어떻게 이해하고 만나고 마주하고 관계해야 하는가에 대해 이야기한다. 그는 이들 타자를 일방적으로 대하거나 주관적인 판단 내지는 동일한 규칙이나 행위의 대상으로서가 아니라 나와 같은 그러나 나와 다른 차원에서 이들과 더불어 새로운 삶을 살아 나갈 것을 권면한다. 이처럼 타자에 대한 이해를 달리하며 그 관계를 새롭게 설정하는 레비나스가 타자와의 관계를 어떻게 설정하는지 살펴보자.

비대칭으로 있는 타자

레비나스는 타자와의 관계를 근대에서처럼 만물 위에 자신을 세우거나, 우리의 기대처럼 나와 대등한 자로 놓지도 않는다. 그는 뜻밖에도 타자를 나보다 월등한 자로 여길 것을 이야기한다. 타자는 나를 위한 존재이거나 나와 같은 존재가 아니라 나보다 월등한 자라면서, 레비나스는 타자와의 관계를 비대칭적으로 설정한다. 그 이유는 뭘까. 물론 타자와 타자와의 관계는 대등하지만 나와 타자와의 관계는 이와 다르다는 것이다. 사람은 누구나 다른 이보다 자신을 먼저 생각하는 이기적 존재이기에 타자를 자신보다 낮게 여길 수 있을 때라야 실제로 대등해질 수 있기 때문일까? 아무튼 레비나스는 타자를 나와 대등하게가 아니라 나보다 우선시해야 하는 우월한 자로 이야기한다.

나와 다른 시간과 공간을 살아가는 타자를 우리는 도저히 알 수가 없다며 우리는 단지 그가 하는 소리에 귀를 기울일 뿐이라 한다. 그런 면에서 타자는 내게 말하는 자요, 나는 그의 말을 듣는 자, 다시 말해서 그는 내게 요청하는 자요, 나는 그의 요청에 응답하는 자라 한다. 타자는 내게 지시하고 명령하는 자인데 반하여 나는 그가 하는 말에 전심을 다해 귀 기울이고 경청하고 그의 요청에 성실히 응답해야 하는 자라는 것이다. 내가 타자를 이렇게 저렇게 하는 것이 아니라 타자가 오히려 내게 이렇게 저렇게 하는, 즉 내가 타자를 어찌할 수 있는 것이 아니라 반대로 내가 타자에 의해 부려지는 자라는 것이다. 다시 말해 그는 내게 말하고 나는 그의 말에 응하는 자라 한다. 그는 내게 말하는 자유를 가지지만 나는 그에게 행해야 하는 책무를 가지는 것, 그런 의미에서 타자는 나와 대등한 자가 아닌 나보다 월등한 자라며 레비나스는 타자와 나를 비대칭적으로 놓는다.

"주체와 주체의 관계가 쌍방이 아니라는 점이다. 그렇기 때문에 나는 대가를 기다리지 않고 상대방에게 책임을 진다. 그는 내 목숨까지도 요구한다. 대가는 '그의' 문제다. 다른 사람과 나의 관계가 상호 관계가 아니기 때문에 나는 다른 사람의 종(sujetion)이다. 원래 그런 뜻으로 나는 '주체(sujet)'다. 모든 게 내 책임이다. … 모든 게 우리 탓이다. 우리 모두 앞에 있는 모든 이의 현실도 우리 탓이다. 다른 사람보다 내 탓이 더 크다. 무슨 죄—결국은 내 죄가 되는—나 잘못이 있어서라기보다 내가 모든 책임을 지기 때문이다. 내가 다른 사람을 책임지고, 그들의 모든 것을 책임지고 그들의 책임까지도 내 책임으로 진다."

『윤리와 무한』 중에서

그러나 타자가 내세 말하고 요구하고 명령하기는 하지만 강제적 힘을 행사하는 것은 아니다. 타자는 내게 그 어떤 폭력을 행사할 물리적 힘을 갖지 않는다. 그는 내게 오직 말하고 있을 뿐이다. 나는 그런 타자의 말에 귀 기울이고 그의 요청에 따라 응해야 하는 의무를 갖는다. 그가 나보다 우월하기에 나는 그를 위해 나의 시간과 공간을 할애하며 그를 돌보고 배려하면서 그와 함께 살아가야 하는 책무가 있다는 것이다. 이것이 레비나스가 말하는 환대의 윤리다. 레비나스는 타자에 대한 환대는 나의 선택이나 판단에 따르는 것이 아닌 타자가 나보다 우월한 자이기 때문이라며 우리 모두는 타자를 환대할 책무가 있다 한다.

레비나스가 타자에 대한 환대를 선택이 아닌 의무로 이야기하는 까닭은 무엇일까. 그것은 그동안의 역사가 바로 타자에 대한 폭력의 역사였기 때문일까. 타자에 대한 폭력이 시간과 더불어 점점 더 극대화되고 확대되어 온 것을 레비나스는 2차 세계 대전에서 목격하고, 이를 차단하고 서로 평화롭게 공존할 수 있는 길을 타자에 대한 환대의 윤리로 이야기하는 것은 아닌가.

환대란 자신 안에 나와 다른 이들을 맞아들일 빈 공간을 기꺼운 마음으로 마련하는 것으로 나의 것을 타자와 아낌없이 나누는 것이다. 어느 특정한 이들만이 아니라, 그리고 나의 판단과 선택에 의한 것이 아니라, 누구나 해야 하는 의무라는 것이다. 이처럼 레비나스는 타자를 자신보다 우월한 자로 설정하고 타자를 환대하는 일을 책무로 이야기한다. 그때만이 우리는 타자에 대한 폭력성을 그칠 수 있을 것이라 여기기 때문일까.

레비나스의 이와 같은 환대의 윤리는 타자를 나보다 우선시한다는 면에서 불평등한 윤리처럼 여길 수도 있다. 하지만 레비나스는 그동안 서구의 주체 중심의 윤리가 양산해 온 타자에 대한 차별을 시정하기 위해 주체가 아닌 타자를 우선시하는 정반대의 입장을 취한다. 나보다 타자를 더 우선시하는 비대칭적인 관계는 불평등을 통해서 평등을 이루기 위한 레비나스 나름의 고도의 지략일까. 기존처럼 평등을 이야기하는 것은 언제나 다시 자기중심으로 되돌아가는 인간 본연의 습성을 그가 너무도 잘 알기 때문일까.

그러나 과연 우리가 자신보다 타자를 우선시할 수 있을까. 우리는 이러한 실례를 '국경 없는 의사회'나 '하얀 헬멧'처럼 드물기는 하지만 다른 이를 구하기 위해 기꺼이 위험을 무릅쓰는 이들을 보기도 한다. 그들은 다른 어떤 이유가 있어서가 아니라 다른 사람을 위해서 망설임 없이 그렇게 한다. 그들이 누구인가를 따지지 않고 다른 이들을 위해 목숨도 아끼지 않는다. 그러한 면에서 이들은 레비나스의 환대의 윤리를 이미 실천하고 있는 이들이 아닐까. 그렇지 않다면 우리는 이들의 행동 내지 일을 어떻게 설명할 수 있을까. 그럼에도 현실 안에서 이러한 일들은 결코 쉬운 일이 아니다. 우리는 무엇보다도 자기의 안위를 먼저 생각하는 것이 일반적이다. 그렇기 때문에 레비나스는 타자에 대한 이야기를 의무로, 그것도 자신보다 우선시할 것을 역으로 주장하는 것이 아닐까.

우리들의 타자는 누구인가

그렇다면 우리들이 환대하고 맞아들여야 할 우리들의 타자는 누구인가. 바로 옆에 있는 사람에게조차도 관심 갖기 어려운 이 시대에 우리가 만나고 맞아들여야 할 나의 타자는 도대체 누구란 말인가. 자신보다 더 우선시 여겨야 할 우리의 타자는 어떤 모습으로 우리 곁에 있는가. 레비나스는 타자를 어떻게 이야기하고 있나. 그가 사회에서 가장 소외되고 가난하고 고통받는 이들을 우리의 타자로 이야기하는 까닭은 뭘까. 과연 우리는 진심으로 그들을 나의 타자로 여기며 맞아들일 수 있을까. 우리는 실제로 그들을 어떻게 맞아들이고 있는가.

"타자의 외재성은 단순히 개념상으로는 동일한 것을 분리시켜 놓는 공간적인 결과물이 아니다. 또한 그것은 공간적 외재성을 통해 나타나는 그 어떤 개념에 따른 차이도 아니다."

『존재에서 존재자로』 중에서

우리가 환대해야 할 우리들의 타자를 한마디로 정의하기란 쉽지 않다. 왜냐하면 타자를 어떻게 이해하느냐에 따라 우리가 맞이해야 할 타자도 자연히 달라질 수밖에 없기 때문이다. 일차적으로 타자란 내가 아닌 이 세상의 모두가 다 나의 타자이지만 레비나스는 일차적으로 타자를 사회에서 소외된 이들에게서 구한다. 그리고 그 예를 성서에 나오는 과부와 고아, 나그네와 이방인으로 이야기한다. 환우, 장애인, 노인과 같이 가난하고 힘 없고 건강하지 못한, 학식이 부족한 자 등도 누구보다 우선시 해야 하는 타자라고 할 수 있다.

물론 레비나스는 시간과 공간을 달리하며 이 세상을 살아가는 모든 생명 있는 것들, 그리고 신과 같이 도저히 다가갈 수 없는 존재는 물론 내가 어찌할 수 없는 자연과 시간, 사물도 내게 모두 타자라는 면에서 레비나스는 타자를 특정인에게만 한정시키고 있지는 않다. 그는 나와 다른 존재자, 그리고 시간, 죽음, 자연, 신에 이르기까지 타자의 의미를 확장시키고 있다. 그 이유는 무엇인가.

하지만 누가 뭐라 해도 일차적으로 타자는 나와 같은 그러나 나와 다른 사람이 아닐 수 없다. 그것은 우리가 사람이기 때문이다. 사람은 자신과 다른 무수한 사람들과 더불어 살아가야 한다. 나와 경험이 다르고, 이해를 달리하며, 지향하는 바가 다르고, 모습이 다른 이 세상 모든 사람이 다 나의 타자인 까닭이다. 성이 다르고, 나이가 다르고, 혈통과 인종이 다르고, 국가나 사는 지역이 다르며, 직위와 공부한 것이 다르고, 종교가 다르고, 가진 것, 좋아하는 것, 싫어하는 것 등이 다른 이들 모두가 다 나의 타자다. 내가 알든 모르든 그들은 모두가 다 나의 타자다. 그들이 모두 다 나의 타자인 한 우리는 나와 전혀 상관이 없는 지역, 사람, 일에 대해서 무심할 수 없다. 우리에게는 내 마음에 드는 사람, 내가 원하는 사람, 내가 아는 사람만이 아니라 그가 누구든 상관없이 내게 도움을 청하는 타자를 환대해야 할 책무가 있다. 그는 내게 말하는 자요. 나는 그의 요청에 응해야 하는 자라는 사실이 우리 모두에게 책무로 주어져 있기 때문이다.

레비나스는 그동안 서구 사회가 상대적으로 소외시켜 온 서구 중심에 동양을, 백인 중심에 유색 인종을, 남성 중심에 여성을, 그리고 건강한 자와 달리 약한 자야말로 우리들의 타자임을 분명히 한다. 이의 연장 인에서 사회 안에서 소외되고 가난하고 약한 자가 누구인가를 묻는 레비나스는 무엇보다도 먼저 성서에 나오는 가난한 자, 과부와 고아, 그리고 나그네와 이방인, 어린이를 예로 들면서 이들이야말로 우리가 기꺼이 맞아들여야 할 우리의 타자임을 이야기한다. 그 까닭은 아마도 대부분의 사람들이 이들을 환대해야 할 이로 여기기 쉽지 않기 때문이 아닐까. 자신보다 힘세고, 돈이 많고, 권력이 있고, 명예가 있는 사람에게는 누구나 친밀함을 표하지만, 반대로 힘이 없고 연약하고 가난한 이들을 자신보다 낮게 여기며 환대하기란 결코 쉽지 않을 것이기에 레비나스는 이들을 우리의 타자로 누구보다 먼저 이야기하는 것이 아닐까. 그리고 그 누구도 이로부터 제외될 수 없음을 강조하기 위해 그는 이를 책무로 그것도 존재론적 차원에서 윤리로, 무한 환대의 윤리로 이야기하는 것이 아니겠는가.

우리는 약하고 병든 자, 힘든 자들을 섬겨야 하는 자로서보다는 마치 유령처럼 없는 사람인 듯 취급하고, 무시하고 거추장스럽게 여기며 배제해 온 것이 사실이다. 그런데 레비나스는 이들이야말로 우리가 진정 마음 쓰고 배려하고 돌보아야 할 타자라 하면서 이들을 기꺼이 맞아들이고 환대할 것을 이야기한다. 그 이유는 뭔가. 레비나스는 이들을 함부로 하게 될 경우 그것은 결국 자신에게 되돌아올 것이라며 이들을 함부로 하기보다는 오히려 돌보고 배려할 것을 청한다.

"나는 강하지만 타인은 약하다. 타인은 가난한 자이며, 과부이고 고아다. 질서가 아주 잘 잡힌 자비(charité bien ordonnée)를 발명한 것보다 더 위선은 없다. 아니면 타인은 이방인, 적, 권력자이다."

『존재에서 존재자로』 중에서

이들은 우리가 무시하거나 함부로 할 수 있는 대상이 아니라 우리가 섬겨야 하는 이들로 나와 같이 이 세상을 살아가는 나와 다른 존재자, 또 다른 주체라는 것이다. 그러기에 나는 그들이 하는 말에 귀를 기울이며 그가 하는 소리에 응해야만 한다는 것이다. 그는 내가 알 수도 소유할 수도 없는 나의 타자로, 나는 그가 누구든 그가 내게 하는 소리에 귀담아 들어야 하는 것이다. 그는 나보다 월등한 자로 우리는 그의 말에 귀를 기울여야 하는 것이다. 그러한 면에서 레비나스는 지금까지 타자에 대한 이해와 사뭇 다른 태도를 보인다. 그렇다면 레비나스는 타자를 왜 이렇게까지 이야기하는가. 그의 타자에 대한 이해는 무엇에 근거하기 때문인가.

레비나스는 지금처럼 타자를 특정 주체의 연장에서 다룬다면, 그래서 자연과학이 지향하는 효율성이나 목적 지향적인 가치 체계로 사람을 평가하고 재단하기 시작한다면, 다시 말해 사람을 어떤 사물처럼 다룬다면, 니치에서 볼 수 있듯이 결국 우리 모두는 서로를 죽음으로 내모는 폭력이 난무한 세상을 살아갈 수밖에 없다고 한다. 그리하여 레비나스는 사람을 그 무엇으로도 아닌 오직 사람 그 자체로만 볼 것을 독려하면서 이들 역시도 우리의 타자임을 잊어서는 안 된다고 강조하는 것이리라.

"사회적 외재성은 근원적인 것으로서 우리가 단일성과 다수성의 범주들을 넘어서도록 만들어 준다. 단일성과 다수성의 범주들은 사물들에 타당한 것이다. 다시 말해 그것들은 홀로 떨어져 있는 주체, 혼자 있는 정신의 세계에서 타당성을 지니는 것이다. 상호 주관성은 다수성의 범주를 단순하게 정신의 영역에 적용하는 것도 아니다. 상호 주관성은 에로스(Eros)를 통해서 우리에게 주어진다. 또는 타자와의 거리(distance)는 타자와의 근접성으로부터, 그리고 동시에 존재들의 이 이원성으로 형성된다. 사랑 속에서 우리가 소통의 실패라고 부르는 것은 분명 타인과의 관계의 긍정성을 구성한다. 타자의 부재는 분명 타자로서의 그의 현전이다. 타자 그는 이웃이다. 그러나 근접성은 타자와의 관계의 파손이나 융합의 한 단계가 아니다. 문명사회의 특성인 관계의 상호성(réciprocité) 속에서 상호 주관적 관계의 비대칭성은 잊힌다. 목적의 왕국에서 각자는 목적인 동시에 수단이며, 인격인 동시에 그저 하나의 수로 계산되는 인원이다. 이런 것이 문명사회의 상호성인데 이것은 우애(fraternité) 이념의 균등화(nivellement)이다. 문명사회가 지닌 이런 식의 상호성은 결과물이지 출발점이 아니다. 이 상호성은 에로스가 지닌 모든 함의들로 소급되어 올라간다. 확실히 우애 속에 자리 잡기 위해서는 그리고 스스로 가난한 자, 약한 자, 불쌍한 자가 되기 위해서는 아버지의 매개가 있어야만 한다. 그리고 단순하게 아이의 원인이나 유(類, genre)가 아닌 아버지를 요청(postuler)하기 위해서는 자아와 타자 사이의 이종성(異種性, hétérogénéité)이 있어야만 한다."

『존재에서 존재자로』 중에서

레비나스가 이처럼 주장하는 데에는 그가 유대인으로서 어려서부터 성서와 탈무드의 가르침을 받고 자랐다는 사실도 중요하지만, 그가 실제로 살아온 삶, 즉 유대인이라는 이유로 그 사회에서 배척당하고 떠돌며 살아야 했던 디아스포라 유대인의 슬픈 역사가 함께하기 때문이다. 그리고 급기야는 인류 역사상 보기 드문 종족 청소라는 대학살의 비극을 겪어야 했던 역사적 경험에서 비롯된다고 할 수 있을 것이다. 그러나 레비나스는 이러한 참담한 사건이 단지 유대인의 역사나 지난날에 있었던 한때의 사건이 아니라 지금도 여전히 되풀이하여 자행되고 있을 뿐만 아니라 앞으로도 여전히 반복될 수 있는 위험을 엄중히 경고하고자 하는 것은 아닌가.

그래서 레비나스는 우리의 타자는 누구인지, 그리고 우리는 우리의 타자를 어떻게 내하고 있는지, 혹 그들을 소외시키고 배제하며 무시하고 있지는 않은지 물으며 이들이야말로 우리가 환대하고 돌보고 배려해야 하는 진정한 타자로, 우리는 이들에 대한 책임을 다할 수 있어야 한다고 이야기한다. 이를 위해 레비나스는 이들이 어떻게 사회로부터 소외되고 또 우리가 이들을 어떻게 소외시키고 있는가를 분명히 밝히며 기존의 사회에 새롭게 진입해 들어오는 이주민들과 유색인종, 가난한 자, 병든 자, 그리고 제3의 세계에서 온 이들, 정치적으로 소외되고 탄압받는 이들과 다른 문화, 다른 종교권의 사람들을 우리가 어떻게 만나고 함께해야 하는지에 대해서 소상히 밝힌다.

다시 말해 레비나스는 그들을 우리와 같은 주체로 대할 것인가, 아니면 우리와 다른, 그래서 지금처럼 분리하고, 지배하고, 배제하고, 배척해야 할 사람들로 여길 것인지를 묻는다. 그리고 도대체 무엇에 근거하여 우리는 그들을 소외시키고 배제하며 탄압하는지, 누가 그것을 그렇게 하도록 허락하는지, 더욱이 정의라는 이름으로, 국가라는 이름으로, 선이라는 이름으로, 진리라고 하는 이름으로 행해지는 이런 일들에 대해 왜 우리는 당연시하고 침묵하는지, 지성이란 도대체 무엇이며 더더욱 사랑을 외치는 기독교가 지배하는 그 땅에서 어떻게 그렇게 거대한 폭력이 자행되었는지를 레비나스는 강한 어조로 우리에게 묻는다. 그리고 그는 이런 질문을 통해 현재 우리가 소외시키고 있는 이들이 누구이며, 그들이야말로 우리가 환대하고 섬겨야 할 우리들의 진정한 타자임을 분명히 한다.

4
얼굴

그렇다면 우리가 환대해야 할 나의 타자는 어떤 모습을 하고 있
나. 레비나스는 이를 '얼굴'로 이야기한다. 그가 말하는 얼굴이란
어떤 의미인가. 그가 얼굴을 통해 이야기하려는 것은 무엇인가. 나
는 어떤 얼굴을 하며 내가 마주하고 있는 얼굴은 어떤 얼굴인가.

얼굴이란

물질을 입고 일정한 시간과 공간 안에 들어선 존재지는 그 차이
로 인해 서로 다른 모습을 하고 있기 마련이다. 얼굴은 바로 이러

한 우리들의 모습을 단적으로 표현하는 수단이다. 얼굴은 신체의 일부를 가리키기도 하지만 레비나스에게 얼굴은 그 이상의 의미를 가진다. 다시 말해 레비나스에게 있어 얼굴은 1㎜도 안 되는 피부나 어깨 위의 신체 일부 등과 같이 이렇게 저렇게 생긴 모양새나 형태가 아니라 존재자의 존재성을 온전히 드러내는 인격과 같은 의미를 가진다. 우리는 주로 사람에게 얼굴이란 용어를 사용하는데 레비나스는 얼굴을 사람을 대신하는 말로 그 무엇으로도 대치할 수 없는 개별적 존재자의 존엄성을 나타내는 말로 보고 있다. 즉 주체적으로 사유하고 자율적으로 표현하며 능동적으로 살아가는 전인적인 한 사람, 즉 주체의 인격을 대신하는 말로 보고 있다.

이때 주체라 함은 다른 사람에게 부림당하지 않고 스스로 자신의 삶에 권리와 책임을 다하는 자로, 비록 시간과 공간의 제한을 받는다 할지라도 자신이 하여야 할 바를 알며 이를 행하는 사람을 말한다. 완전해서가 아니라 온전하기 위해 자신의 부족을 깨달아 알고 고심하면서 자신이 짊어져야 할 책임을 다하고자 하는 자다. 그렇기에 주체는 다른 사람의 생각에 일방적으로 휩쓸리거나 자신 안으로 타자를 구속하지도 않고 오직 자신의 얼굴을 하고, 자신의 얼굴로 살아가는 그래서 자신의 얼굴에 책임을 지는 사람이다.

그런 의미에서 얼굴은 그저 주어지는 것이 아니라 살아가는 시간 속에 형성되는 것이다. 그렇기에 우리는 얼굴을 통해서 그 주체가 시간과 더불어 무엇을 어떻게 하였는가를 읽을 수 있으며, 살아감에 따른 책임을 얼굴에 부여하기도 한다. 얼굴을 보며 그 사람의 살아온 이야기를 읽기도 하고 듣기도 하는 까닭이 여기에 있다. 얼굴은 우리가 살아온 흔적을 고스란히 드러내 보여 주는 장소로 무엇으로 덧입히거나 가리지 않는, 있는 그대로의 모습을 가장 가감 없이 드러내 보여 준다. 어떤 특정한 목적이나 이익을 위해 억지로 꾸미지 않고 있는 그대로의 모습을 가장 잘 드러내 보이는 곳이 얼굴이다. 이런 얼굴의 특성을 가리켜 레비나스는 '얼굴의 정직성'이라 한다. 레비나스는 이런 정직한 얼굴을 '맨얼굴', '발가벗은 얼굴', 또는 '헐벗은 얼굴', '가난한 얼굴'이라 달리 표현하기도 한다. 이처럼 얼굴은 그동안 살아온 내력을 간직하기도 하고, 지금의 처지를 가장 잘 드러내기도 하는 장소로 미래에 대한 희망을 표출하기도 하고, 때론 절망에 휩싸이기도 한다. 그러한 면에서 얼굴은 삶의 모든 것을 담아가는 역사이자, 자기를 이야기하는 언어이기도 하다.

얼굴에 대한 이와 같은 레비나스의 이해는 그가 추구하는 바가 무엇인지 우리에게 아주 잘 이야기해 준다. 그는 얼굴을 통해 그동안 서구사회가 추구해 온 주체의 문제를 본격적으로 다룬다. 주체란 데카르트처럼 단순히 사유하는 자가 아니라, 자신의 얼굴을 한 자, 자기가 되는 일에 책임을 지닌 자이다. 레비나스는 자신의 얼굴을 한 자만이 자기의 행위에 책임을 질 수 있다며 얼굴을 통해 주체와 책임의 문제를 윤리로 연결하며 자신만의 윤리철학을 전개시키는 것이다.

타자의 얼굴

레비나스는 나만이 아니라 나와 다른 사람도 자신의 얼굴을 가진 또 다른 주체임을 타자의 얼굴로, 그리고 타자와의 관계성으로 해명해 간다. 그렇다면 레비나스는 타자의 얼굴을 어떻게 이해하며 타자와의 관계를 논하는 것일까.

레비나스는 타자의 얼굴을 통해서 근대의 자기중심적인 주체나 목적론적인 주체와는 전적으로 다른 모두가 다 같은 주체임을 언명코자 한다. 다시 말해 레비나스는 그동안 사람들이 잊고 지낸 타자의 주체성을 타자의 얼굴을 통해 강조하며 자기와 다른 얼굴을 한 사람을 특정한 목적을 위한 수단이나 방법으로 삼거나 또는 배제하지 않고 자기와 같이 온전한 주체로 여길 것을 윤리의 문제로 이야기하는 것이다.

레비나스에 따르면 세상에는 나와 다른 얼굴을 한 이들이 무수히 많다. 서로 다른 자신만의 고유한 얼굴을 하고 있는 이들은 모두 다 자신의 삶에 주체들로서 이 세상 어느 누구도 함부로 할 수 있는 이들은 없다. 우리는 나와 다른 얼굴을 한 이들을 함부로 할 권리는커녕 그들을 잘 알지도 못한다. 그들은 나와 다른 이질적인 타자성을 존재성으로 가지고 있는 나와 다른 주체들이기에 우리는 다만 그들이 드러내 보이는 얼굴을 통해서만 그들에게 다가갈 수 있을 뿐, 그들을 알 수도 소유할 수도 더더욱 함부로 할 권리도 없다. 나는 오직 그가 보여 주는 얼굴을 마주하며 있을 뿐이다. 그렇기에 나는 그가 얼굴로 하는 이야기에 귀를 기울일 뿐이다.

　타자의 얼굴이란 내게 하는 말이다. 그는 내게 얼굴로 말한다. 나는 그의 얼굴이 하는 이야기를 들으며, 그가 누구인지, 그리고 무엇을 원하는지 안다. 타자는 내게 얼굴로 말하며 나는 그가 얼굴로 하는 이야기를 경청한다. 타자의 얼굴은 내게 청하고 나는 응하고 있다. 나는 타자의 얼굴과 마주하며 그가 하는 이야기에 귀 기울이고 있다. 그의 얼굴은 내게 말한다. 그는 얼굴을 통해서 자신의 이야기를 경청할 것을 청하고 나는 그의 요청에 응하고 있는 것이다.

　그러한 면에서 타자의 얼굴(le visage)은 나보다 우월한 힘을 가진다. 타자의 얼굴은 권위를 가지고 내게 명령하며, 나는 그의 명령에 기꺼이 응하고 있는 것이다. 나는 그의 말에 거절할 자유를 가지고 있지 않다. 나는 오로지 귀를 열고 그의 말에 응해야 하는 의무만이 있을 뿐이다. 다시 말해서 나는 그의 요청에 거절하거나 외면할 수가 없고 오직 그가 하는 말에 귀담아들어야 하는 책무만이 있을 뿐이다. 그것이 나의 존재성이자 정체성이다.

그런 까닭에 내게 명령하고 있는 타자의 얼굴은 낯설고 두렵다. 그러나 타자의 얼굴은 무례하거나 폭력적이지 않다. 내가 타자를 어찌할 수 없듯이 그도 내게 물리적 힘을 행사할 수는 없다. 그는 단지 내게 얼굴로 간청할 뿐 강제하지는 않는다. 타자는 알 수도 소유할 수도 없다. 단지 그는 타자성을 존재성으로 하여 내게 말하고 있을 뿐이다. 타자의 타자성을 강제로 소실시키지 않는 한 타자는 내게 얼굴로 말한다. 그 어떤 힘도 행사할 수 없기는 그도 나도 매일반이다. 그는 오직 자신의 얼굴로 말하며 청하며 명령할 뿐이고 나는 그의 얼굴이 하는 말에 응하고 있을 뿐이다.

그러나 내가 어찌할 수 없는 타자의 얼굴은 나와 전혀 상관없는 얼굴이기만 한 것은 아니다. 엄마의 얼굴에서 나의 얼굴을 보고, 아이의 얼굴에서 그 아이의, 아이의 얼굴을 보듯이 우리는 타자의 얼굴에서 또 다른 나의 얼굴을 본다. 우리는 서로 다른 시간과 공간 안에 들어선 몸을 가진 존재자이기에 서로 다른 얼굴을 하고 지금 여기에 현존한다고 할 수 있다. 그러한 면에서 타자의 얼굴은 어쩌면 지금 여기가 아닌 다른 시간과 공간에서 드러나는 또 다른 나의 얼굴이라 할 수 있다. 그러기에 우리는 타자의 얼굴이 하는 소리를 결코 외면할 수가 없다. 낯선 타자의 얼굴을 외면하지 않는 일은 곧 자기의 다른 얼굴, 다시 말해 아직 드러나지 않은 자신의 또 다른 가능성으로서의 자신과 마주하는 일이기 때문이다. 그런 면에서 우리는 타자의 얼굴을 외면하고 경시할 것이 아니라 오히려 마주하고 경청하며 응할 수 있어야 한다. 레비나스가 타자의 얼굴을 통해 타자를 배려하고 보살피는 환대의 윤리를 이야기하는 이유가 여기에 있다.

얼굴과 얼굴을 마주함

타자에 대한 윤리를 '얼굴'로, 그것도 '타자의 얼굴'로 이야기하는 레비나스는 이를 다시 '얼굴과 얼굴의 마주함'으로 재론한다. 그 까닭은 뭘까. 레비나스는 자기의 얼굴을 한 자만이 온전한 주체일 수 있고, 온전한 주체만이 자신이 존재하는 일에 실질적으로 책임을 질 수 있기 때문이라 한다. 그러기에 자신의 얼굴을 한 주체는 자기와 다른 얼굴을 한 주체, 즉 타자의 얼굴과 마주하기를 주저하지 않는다. 레비나스는 특정한 누구만이 아니라 모두가 주체일 수 있기 위해 타자의 얼굴에 대해 이야기한다. 타자의 얼굴과 마주한다는 것은 타자에 대해 책임을 갖는 것으로 레비나스는 이를 환대의 윤리로 이야기한다.

타자의 얼굴을 외면하고 경시할 것이 아니라 타자의 얼굴을 마주하며 그가 하는 소리를 들어야 하는 것이 우리에게 책무로 있다는 레비나스는 타자의 얼굴과 마주할 것을 이야기한다. '얼굴과 얼굴을 마주함'으로 타자의 얼굴이 내게 하는 소리를 외면하지 않는 타자에 대한 환대의 윤리를 이야기하는 레비나스는 환대란 나와 다른 얼굴을 한 이들을 자신 안에 기꺼이 맞아들이는 열린 태도라고 한다. 자신과 다른 타자의 얼굴과 마주할 때에만 우리는 그가 하는 소리를 들을 수 있고, 그가 하는 소리를 귀담아들을 수 있을 때에만 진정으로 그를 온전한 하나의 주체로서 환대할 수 있다 한다. 그리고 타자를 진정으로 환대할 때만이 모두가 행복한 평화로운 세상을 이룰 수 있다며 레비나스는 서로 다른 얼굴과 얼굴을 마주함에 대해 이야기한다.

얼굴과 얼굴을 마주한다는 것은 단순히 얼굴을 대상으로 여기고 바라보는 것이 아니라 나와 다른 얼굴을 하고 있는 이를 자기와 같은 주체로 여기며 함께하는 일이다. 무엇으로도 가려지거나 덧입혀지지 않은 맨얼굴, 정직한 얼굴로 얼굴과 얼굴을 마주하면서 그가 내게 하는 소리를 듣고 나는 그가 원하는 일에 응하는 일, 그것이 얼굴과 얼굴을 마주하는 일이다.

이는 자기의 생각을 상대에 주입하는 것이 아니라 반대로 상대가 하는 말을 경청하는 것, 그래서 그의 요구를 외면하지 않고 응하는 것이다. 누가 누구를 부리거나 포섭하는 것이 아니라 자신 안에 자기와 다른 얼굴을 한 이를 기꺼이 맞아들이며 그와 더불어 이전과 달리 새로워지는 일, 그것이 얼굴과 얼굴을 마주하는 일이다. 얼굴과 얼굴을 마주한다는 것은 그에 대해 단순히 아는 것이 아니라 그와 함께하는 일로서, 내가 타자를 소유하는 것이 아니라 나의 것을 타자에게 나누어 주는 일이다. 이처럼 얼굴과 얼굴의 마주함이란 온 인격과 온 인격의 만남으로서 타자를 자신보다 우선시하며 그를 자신 안에 맞아들이는 일이다. 그러나 이는 결코 쉬운 일이 아니다. 자기 안에서 자기만 주체로 여기며 살아온 사람들이 자기와 다른 타자와 얼굴을 마주하며 그를 자신과 같은 주체로 여기고 맞아들이기란 수월한 문제는 아니다. 오랫동안 자기만 주체라 여겨 온 사람들에게 타자의 얼굴은 매우 낯설고 이질적이며 자신을 방해하는 자로, 때론 두렵기까지 할 수도 있다. 타자의 얼굴을 마주하기를 꺼리고 힘들어 하는 이유다. 그래서 레비나스는 타자와 얼굴을 마주하는 일을 선택이 아닌 책임으로 논하며, 그 책임을 존재성과 연결시켜 무한 윤리로 이야기하는 것이다.

레비나스는 이 세상에 존재하는 모든 존재자들은 자기와 다른 얼굴을 한 이들과 마주하는 것이 존재론적인 면에서 책무라고 선언하는 것이다. 자신과 다른 얼굴을 한 이들과 마주하는 일이 선택이 아닌 책무라고 이야기하는 것은 이로부터 벗어날 수 있는 사람은 아무도 없다는 의미이다. 자기와 다른 얼굴을 한 사람을 함부로 재단하거나 같아지기를 강요하거나 혹은 다른 이들에게 일방적으로 포섭될 것이 아니라 우리는 이들이 하는 이야기를 경청하며 그들과 더불어 새로움 앞으로 나갈 것을 역설한다.

타자의 얼굴로 나아감

얼굴과 얼굴을 마주한다는 것은 나와 다른 얼굴을 바라보는 것이 아니라 타자의 얼굴 너머에 있는 알 수 없는 어떤 것, 즉 나와 다른 타자의 얼굴이 하는 소리를 듣는 일이다. 즉 자기와 다른 얼굴을 한 타자의 이야기를 듣고 그가 원하는 바에 응하는 것이다. 그래서 자신 안에 자기와 다른 얼굴을 한 이들을 받아들일 뿐만 아니라 자신도 타자에게로 나아가는 것, 그것을 말한다. 즉 '자신 안에 갇히지 않고 타자에게로 향하는 일이 곧 타자의 얼굴로 나아감'이다.

얼굴과 얼굴을 마주한다는 것(la face à face)은 낯선 타자의 얼굴이 하는 소리에 귀를 기울이며 그가 하는 말에 응하는 것이다. 이는 결코 단순히 타자에 대한 순종이나 굴복, 희생을 뜻하는 것이 아니라 다른 사람의 얼굴로 나아가는 것(l'accès aux visage), 자기 초월을 뜻한다. 다시 말해 얼굴과 얼굴을 마주하는 일은 내가 아닌 타자에게로 향하며 그와 더불어 새로움 앞에 서는 일이다. 이때 타자의 얼굴은 나를 힘들게 하기보다는 나를 새롭게 하는 매혹체로, 타자는 내가 도저히 어찌할 수 없는 신비한 자이다. 타자라는 매혹체가 가지는 나와 다른 타성이 나를 이전과 다른 곳으로 향하게 하는 것이다. 그러한 면에서 타자란 단순히 나와 다른 사람이 아니라 나를 달리 살게 하는 사람으로, 우리는 자신과 다른 얼굴을 한 타자를 대상화하거나 지배하고 구속하고 억압하고 두려워할 것이 아니라 용기 있게 타자의 얼굴로 나아가야 한다. 그래서 타자와 더불어 이전과 다른 새로움을 만들어 가야 하는 것이다.

그러나 그동안 서구의 지적 전통은 그렇지 못했다. 기존의 전통철학에서는 자기중심의 동일성적인 사고에 갇혀 타자를 배제하고 억압하고 탄압하고 무시해 온 것이 사실이다. 따라서 레비나스는 자기가 아닌 타자에 대해 논하며 타자의 얼굴로 나아갈 것을 청한다. 타자에게로 나아가는 것은 타자를 자신과 같은 존재자, 즉 주체로 받아들이며 그와 더불어 이전과 달리 새로운 삶을 만들어 가는, 자기 초월을 의미한다. 자신 안에 타자를 받아들이는 것, 타자의 얼굴로 향하는 것은. 내가 너를, 너가 나를 알기 때문이 아니라 모르기에 서로를 향해 나아가는 것이다. 같아지기 위해서가 아니라 하나가 되기 위해서가 아니라 우리의 존재성이 너를 향하기에 나는 끊임없이 너를 향하며 새로워지는 것이다. 그러한 면에서 우리는 서로를 살게 하는 자이다.

5

타자와의 관계

　사유하는 자는 자기의 한계를 알기에 자기 안에 갇히지 않고 자기와 다른 존재자, 타자에게로 향한다. 자기와 다른 모습을 한 얼굴과 마주하면서 자신이 처한 시간과 공간의 한계를 넘어서 사유하는 자는 자기 안에 자기와 다른 이들을 받아들이며 자기도 타자를 향해 나아간다. 레비나스는 이와 같이 나와 다른 모습을 한 타자와 마주하며 그와 더불어 새로움 앞에 서는 것, 그것이 우리의 존재성이라 하며 이를 윤리로 연결해 간다. 다시 말해 타자를 내 안에 받아들이고 나도 기꺼이 타자에게로 나아가는 일이 윤리적인 일이며, 그것이 우리의 존재성이라 하는 것이다. 레비나스는 타자에게로 나아가는 일이야말로 사람다운 일이며 사람답게 사는 일이고, 나만 아니라 너도 우리 모두 행복할 수 있는 길이라 한다. 인류가 폭력이 아닌 평화를 가져올 수 있는 길도 바로 여기에 있다면 그는 타자와의 관계에 대해 보다 적극적으로 설정한다. 그렇다면 레비나스는 타자와의 관계를 어떻게 논하고 있는가.

자기초월의 관계

타자보다는 자기를 우선시하기 마련인 사람이 타자의 얼굴과 마주하며 그들을 위해 자기를 내어 주기란 결코 쉬운 일은 아니다. 레비나스는 바로 이러한 사람들의 속성을 알기에 존재자의 존재성을 타자와의 관계 안에서 다음과 같이 논한다. 즉 이 세상을 살아가는 모든 존재자는 일정한 시간과 공간이라는 제한된 삶을 살아가기에 이를 넘어서 가고자 희구하기 마련이라며 자신 안에 갇혀서가 아니라 오히려 자기를 넘어 타자와 연대하는 데서 우리는 살아가는 기쁨과 의미를 가진다고 한다. 이처럼 레비나스는 존재자의 존재성을 자기애가 아닌 타자를 향해 나아가는 일에서 구한다.

"초월은 존재론적 모험의 근본적 방식이 아니다. 초월은 자리의 비초월성(nontranscendance) 속에 세워져 있다. 명석성의 단순 부정과 거리가 먼 느낌의 '불명료성'은 코기코에 앞서는 사건이 있음을 입증해 준다."

『존재에서 존재자로』 중에서

레비나스는 이처럼 타자에게로 나아가는 일을 '자기를 넘어섬', 또는 '자기를 넘어감'이라는 '자기 초월'로 이야기한다. 그런데 자기 초월이란 다른 세상으로의 이월이나 신체 이탈을 말하는 것이 아니라 일정한 시간과 공간 안에 제한된 삶을 살아가는 존재자가 자기의 한계를 넘어서 가는 일을 의미한다. 자신의 한계를 알고 이를 극복하기 위해 타자에게로 향하는 자기 초월은 자기 성찰, 즉 사유함을 통해서 이루어진다. 사유함이란 자신 안에 있는 또 다른 자신과 마주하는 일로 우리는 이를 통해 자기를 넘어서 가는 것이다.

"자기에 사로잡힌 자아를 해방시키기에는 빛의 외재성으로는 충분하지 않다. 이것은 존재의 익명성에서 해방된, 하지만 존재자의 자기 동일성에 의해 자신에게 매인 ―즉 물질화된 주체가 그의 물질성에 대해 거리를 두기 위한 방법이다."

『시간과 타자』 중에서

우리는 이런 초월을 누구보다도 먼저 내 안에 있는 타자와의 관계, 즉 자기 초월을 생각해 볼 수 있다. 나는 나만의 내가 아니라는 점에서 일차적으로 나의 타자는 내 안의 나, 자기 자신일 수 있다. 왜냐하면 나란 항상 나 아닌 남과 더불어 늘 달리 나를 만들어 가고 있기 때문에 내 안에는 나 아닌 또 다른 나의 타자가 나와 함께 있다고 하겠다. 내 안에는 나조차도 어쩌지 못하는 또 다른 나인 나의 타자, 그 타자와 마주하는 자기를 돌아봄, 자기 성찰을 할 수 있어야 한다. 우리는 이를 사유함이라 부른다. 사유한다는 것은 자기 안의 타자, 즉 자기 의지에 따르지 않는 자신 안에 또 다른 자기와 마주하며 이를 넘어서 가는 것을 말한다. 그런 의미에서 사유한다는 것은 자기를 넘어서 가는 자기 초월을 의미한다. 우리는 이를 가리켜 철학함이라 한다. 다시 말해 철학함은 자기를 넘어서 가는 자기 초월로서의 사유함이라 할 수 있다.

그렇기에 사유하는 사람은 자신의 한계를 깨달고 자만하거나 교만하지 않고 오히려 자기와 다른 남을 존중하며 남과 더불어 이전과 달리 새로움 앞으로 나아가고자 욕망한다. 따라서 사유하는 사람은 자기 안에 갇히지 않고 자신을 넘어 남에게로 향하며 그와 더불어 늘 새로운 존재자로 거듭난다. 이것이 레비나스가 말하는 자기 초월의 두 번째 의미라 하겠다. 다시 말해 레비나스는 자신 안에 남을 받아들이며 나 또한 남에게로 향하는 것, 그래서 나도 그도 이전과 다른 새로움 앞에 서는 일, 즉 다른 타자에게로 향하는 일을 말한다. 다른 존재자에게로 향하는 자기 초월은 남을 자신보다 낫게 여기며 기꺼이 남에게 자신의 자리를 내어 주는 것, 그래서 그와 더불어 새로운 존재자가 되는 일이다. 그러기에 자기를 초월해 가는 사람은 남을 배척하거나 무시하는 것이 아니라 오히려 그를 기쁘게 맞아들이며 그와 더불어 이전과 다른 새로운 존재자가 되기를 주저하지 않는다. 사유하며 자기를 초월해 가는 사람은 그가 누구인가를 묻지 않고, 어떤 문제인가를 따지지 않고, 자신과 다른 타자와 얼굴을 마주하며 그와 더불어 새로운 삶을 만들어 가는 것이다.

> "초월에서는 같음이 다름에 무관심하지 않다. 물론 같음이 다름에 몸을 내맡기지도 않고, 동시에 속에서 같음과 다름이 서로 일치되는 것도 아니다."
>
> 『시간과 타자』 중에서

이처럼 레비나스는 자기 초월을 이전과 달리 새로운 존재자가 되는 일로 이야기하며 그 동력을 타자에게 나아가는 일에서 찾는다. 그런 의미에서 레비나스의 자기 초월은 3중적이라고 할 수 있다. 즉 자기 자신을 성찰하는 가운데 일어나는 자기 초월과 이를 통해 너에게 향하는 자기 초월, 그리고 나와 너를 넘어서 모든 존재자에게로 향하는 자기 초월이 그것이다. 그러나 이는 구분은 되지만 엄밀히 분리할 수 있는 것은 아니다. 왜냐하면 자기를 초월하는 사람은 너에게로 그리고 남에게로 향하여 있기 마련이다.

> "아주 오래된 기도문에 보면 기도하는 사람이 하느님에게 '당신'이라
> 는 말을 시작했다가 끝날 때는 '그분'이라고 한다. 내가 책에서 무한을
> 3인칭(illéité)이라고 부르는 것이 바로 그것이다. … (그러나) '내가 여기
> 있나이다'라고 하는 말 속에 무한이 보이는 것은 아니다. … '내가 여기
> 있나이다'라고 말하는 주체가 무한을 '증언한다'고 한다."
>
> 『윤리와 무한』 중에서

레비나스가 윤리를 무한 윤리로 이야기하는 까닭도 여기에 있
다. 즉 사유함으로 자기를 초월해 가는 사람은 이만큼, 여기까지,
이것만이 아니라 늘 달리 자기를 새롭게 한다. 데카르트가 이야기
하듯이 우리가 사유하는 존재라면 그래서 사유가 우리의 존재성이
라 한다면 레비나스의 말대로 우리는 늘 사유하면서 언제나 남에
게로 나아가고자 욕망하며 자기를 초월하고 있다. 사유가 우리의
존재성이듯이 사유하며 초월하며 있는 것도 그리고 남에게로 향
하는 것도 우리의 존재성이다. 때문에 레비나스는 우리의 존재성
을 자기 초월로, 남에게로 나아가는 윤리로, 무한책임으로 이야기
하며 윤리를 제1의 형이상학으로 이야기한다. 이와 같이 레비나스
는 초월을 다른 사람과의 관계로 해명하면서 이를 '존재의 윤리'로,

'환대의 윤리'로, 그리고 '무한의 윤리'로 연결해 간다.

사귐의 관계

　자신을 넘어 늘 타자에게로 향할 것을 요청하는 레비나스는 이를 사귐의 관계로 설명한다. 사귐이란 낯선 이들이 만나는 일과 관계가 있다. 그리고 상대가 무슨 말을 하는지 귀를 기울이는 것, 그래서 그의 말을 경청하고 나의 마음도 열어 보이는 것, 그래서 그의 일이 그의 일이기만 한 것이 아니라 나의 일이기도 하다고 느끼는 관계, 그래서 그의 일에 대해 나 역시도 책임을 느끼며 내가 하여야 할 바를 구체적으로 행하고 있는 것이 사귐의 관계이다. 얼굴과 얼굴을 마주하는 일은 나와 다른 얼굴을 하고 있는 나의 타자와 진심으로 만나 사귀는 관계의 다른 표현이다.

　　"책임성이란 다른 사람에 대한 책임성이다. 그러므로 내 문제가 아닌 것에 대한 책임성이다. 얼핏보면 나와 상관 없는 것에 대한 책임성이다. 그러나 자세히 보면 나와 관계가 있고 내게 얼굴로 다가오는 것에 대한 책임성이다."

　　　　　　　　　　　　　　　　　　　　　　　「윤리와 무한」 중에서

레비나스는 이처럼 얼굴과 얼굴을 마주하면서 상대가 하는 소리에 외면하지 않고 응답하는 일을 사귐이라 한다. 사귐이란 상대를 단순히 아는 것이 아니라 실제로 상대에게 헌신하는 일로 레비나스는 사람과 사람 사이의 관계를 사귐의 관계로 이야기한다. 그리고 이를 윤리로 논한다. 다시 말해 레비나스는 나와 다른 얼굴에게로 나아가는 일, 즉 정직한 얼굴과 얼굴을 마주하는 일이란 인격과 인격의 만남이며, 이는 또한 사람과 사람의 사귐의 관계로서 상대를 배려하고 헌신하는 일이야말로 참된 인간관계라 하는 것이다. 그런데 이러한 일이 우리 모두가 마땅히 해야 할 책무라고 레비나스는 이야기하는 것이다. 즉 이 세상에 존재하는 우리 모두는 나와 다른 얼굴을 한 이들과 서로 헌신하고 행위하는 사귐이 책무라는 것이다.

과정철학자 화이트헤드가 서양철학이란 플라톤의 주·해석에 불과하다고 말할 만큼 서구 사유에 지대한 영향을 끼친 플라톤이 '잘 사는 삶'을 '관조하는 삶'으로 이야기한 이래로 그동안 서양 사유는 '관조'를 사람이 취하여야 할 최고의 이상적 덕목으로 여겨 왔다. 그러나 레비나스는 이와 달리 우리가 잘 살기 위해서는 '관조하는 삶'보다는 다른 사람과의 관계 맺음이라는 구체적인 '행위'가 더욱 중요하다고 히는 것이다. 다시 말해 레비나스는 우리의 행복한 삶은 주체에 의한 대상의 일방적 관조에 의해서가 아니라 다른 사람과의 구체적 관계 속에서 만들어지는 것이라 하는 것이다.

> "플라톤에게서의 사랑, 즉 욕구의 자식은 빈곤의 특성들을 간직하고
> 있다. 플라톤적 사랑이 가지는 부정적인 면모는 그것이 한낱 욕구가 충
> 족시키고자 하는 '부족'이라는 점이며, 이타성을 향한 운동 자체는 아니
> 라는 점이다."
>
> 『존재에서 존재자로』 중에서

이때 다른 사람과의 관계란 특정한 사람에 의해 일방적으로 이루
어지는 것이 아닌 서로 대등한 사람들 사이에서 행해지는 상호 관
계이다. 사람들 사이의 상호 관계는 누구에 의해 일방적으로 이끌
리는 지시나 소유와 달리 배려와 환대에 따른 상대에 대한 존중에
서 이루어진다. 왜냐하면 상호 존중 없이 사람과 사람 사이의 참다
운 관계란 이루기 어렵기 때문이다. 레비나스는 바람직한 삶을 위
해서는 이전의 철학자들처럼 다른 세계로 초월해서가 아니라, 지
금 여기에서 다른 사람과 구체적 관계 맺음이라는 윤리적 행위에
의해 이루어지는 것임을 역설코자 하는 것이다.

부자 관계

레비나스는 이와 같은 관계를 다시 아버지와 아들이라는 부자 관계로 재차 설명한다. 부자 관계란 일차적으로 아들과 아버지의 관계, 또는 부모와 자식 관계를 의미하지만 레비나스는 아버지와 아들의 관계처럼 세상 모든 사람들의 관계가 사랑과 생성이라는 새로운 변화를 내포하는 관계라는 측면에서 부자 관계를 이야기한다.

> "생물학적 의미의 자식은 자식의 일차 모습에 지나지 않는다. 생물학 차원의 아버지가 되지 않아도 사람끼리의 관계를 부자 관계로 볼 수 있다. 다른 사람에 대해 아버지된 태도를 가질 수 있다. 다른 사람을 자기 자식으로 보는 것, 그것이 내가 '가능성을 넘어'라고 부른 관계를 이루는 것이다."
>
> 『윤리와 무한』 중에서

아버지와 아들이라는 부자 관계는 세상의 다른 것들처럼 주고받는 교환과 같은 보상이나 결과를 위한 관계가 아니라 무차별적인 사랑을 내어 주는 관계이다. 아버지는 아들을 사랑하는 일에 이해타산을 따지지 않는다. 아버지는 아무런 대가 없이 자신을 아들에게 기꺼이 내어 준다. 다시 말해 아버지는 아들이 자신에게 어떻게 대하든 관계없이 아들을 사랑한다. 그러한 면에서 아버지는 아들을 자신보다 더 귀하게 여긴다고 할 수 있다. 아들은 아버지가 내어 주는 그러한 일방적 사랑에 의해 살아간다. 아버지의 조건 없는 사랑에 의해 아들은 크는 것이다. 아버지의 아들 사랑은 이처럼 무조건적인 사랑이다.

이러한 아버지의 무조건적인 사랑이야말로 우리가 타자에게 행해야 하는 태도임을 레비나스는 부자 관계로 설명한다. 그리고 이를 환대의 윤리로 이야기하는 것이다. 왜냐하면 나와 타자는 마치 아버지와 아들의 관계처럼 각자 개별적 존재자이기는 하지만 또 달리 보면 한 혈통을 가진 동일한 자라면서 레비나스는 아버지가 아들에게 아낌없이 자신을 내어 주듯이 우리도 타자에게 그렇게 할 수 있어야 한다는 것이다.

"아버지 됨이란 완전히 남이면서 또한 나인 이방인과의 관계다. 나에 대해 낯선 나와 나의 관계다. 결국 시나 다른 제품이 그렇듯이 자식 역시 딱히 내 작품이지만은 않다. 내 소유물은 더욱 아니다. 권력이나 소유의 범주로는 자식과의 관계를 나타낼 수 없다. 인과 관계나 취득의 개념으로는 자식을 잉태한 사실을 파악할 수 없다. 내가 아이를 가진 것이 아니다. 어찌 보면 내가 내 아이다. 여기서 말하는 '나는 …이다'(je suis)라고 하는 것은 엘레아 학파나 플라톤 학파에서 말하는 것과 다른 뜻이다. 여기서 '있음'이란 단어에는 다양성과 초월성이 들어 있다. 그 초월성은 어떤 실존주의 분석에도 들어오지 않는 것이다. 한편 자식이란 슬픔이나 고난이나 고통처럼 내게 닥치는 사건이 아니다. 그는 나요 인격이다. 그리고 자식의 타자성은 '또 다른 나'(alter ego)의 타자성이 아니다. 아버지 됨이란 공감(sympathie)을 통해 자식을 대신할 수 있는 그런 것이 아니다. 내가 내 아들인 것은 공감을 통해서가 아니라 어디까지나 내 존재를 통해서이다. … 자유와 시간이 이루어지는 것은 인간관계가 아닌 아버지의 범주를 통해서이다. … 아버지가 된다는 것은 아들 안에서 아버지가 다시 한 번 등장하는 것일 뿐 아니라 아들과 하나가 되는 것이다. 그러면서도 아들에 대해 아버지는 바깥(extériorité)이다. 아버지 됨은 단수가 아닌 복수로 존재하는 사건이다."

『윤리와 무한』 중에서

아버지와 아들은 동일한 존재이면서 동시에 서로 다른 신체를 가진 개별적인 존재자이기도 하다. 자식은 부모의 연장이기도 하면서 동시에 전혀 다른 존재자이기도 한 것이다. 그렇기 때문에 부모는 자기를 자식에게 기꺼이 내어 주며 자식은 부모를 섬긴다. 부모와 자식은 계산 없이 서로 보살피고, 배려하는 사랑의 관계인 것이다.

"상대방의 가능성을 원래 자기의 가능성으로 보는 사실, 그리고 꽉

막힌 자기의 정체성과 자기에게 주어진 것에서 벗어나, 자기에게 주어지지 않았으면서도 자기의 것인 무엇을 향해 갈 수 있다는 사실, 이것이 바로 아버지 됨이다."

「윤리와 무한」 중에서

우리가 마주하는 타자들도 부자 관계에서처럼 조건 없이 서로 보살피고 배려하는 사랑의 관계로 나아가야 함을 레비나스는 환대의 윤리로 이야기한다. 내가 마주하고 있는 타자 역시도 마치 아버지와 아들처럼 나와 동일성과 차이성을 가진 존재들이다. 다시 말해 타자는 나와 다른 얼굴, 다른 모습을 한 또 다른 나이다. 레비나스는 이를 아는 자는 타자를 위해 기꺼이 자신을 내어 줄 수 있다. 그런데 대다수의 사람들은 이러한 사실을 알지 못하고 타자를 타자로만 여긴다. 레비나스가 볼 때 사람들은 한편으로는 눈에 보이는 개별적 존재자로만 여기거나 또는 어떤 특정한 입장만을 고수한다. 또 일부는 동일한 사고 속에 차이를 가진 개별적 존재자를 무화시키기도 한다. 그래서 레비나스는 아버지와 아들의 관계처럼 차이성 속에 동일성을, 그리고 동일성 속에 차이성을 함께 사유할 수 있어야 한다고 하면서 이를 부자관계로 이야기하는 것을 알 수 있다.

"남과의 관계는 상대방이 철저하게 다르면서 동시에 그가 나인 그런 관계이다. 아버지가 보는 나는 타자이지만 또한 나는 그분의 것이다. 그분의 소유물이나 소유는 아니지만 말이다."

『윤리와 무한』 중에서

아버지는 아들과 개별적 존재로서만 살아가지 않는다. 아버지는 아들을 자신의 또 다른 존재, 즉 자신의 다른 모습으로 여기며 자기를 기꺼이 내어 주는 사랑을 하며 있다. 우리는 타자가 내게 잘해서가 아니라 그가 유용해서가 아니라 그가 단지 나의 타자라는 사실만으로 그를 환대할 수 있어야 하는 까닭이다.

사랑의 관계

서로 다른 차이로 있는 존재자가 또 다른 존재자와의 만남을 레비나스는 남녀 간의 사랑과 부부 관계로 또다시 설명한다. 사랑하는 두 사람은 여전히 나이고 너이지만 우리는 사랑함으로써 이전과 달리 새로운 존재자가 된다. 즉 아내와 남편이 되고 부모가 된다. 부부란 결핍된 반쪽과 반쪽이 만나 하나가 되는 것이 아니라 서로 다른 온전한 주체와 주체가 만나 이전과 다른 관계가 되는 것이다. 다시 말해 부부란 같음에서가 아니라 서로 다른 차이를 가진 두 사람이 만나 사랑함으로 부부가 되는 것이다. 서로 다른 차이를 가진 주체가 또 다른 주체를 만나 사랑하는 관계가 될 때 두 사람은 이전과 다른 존재자 즉, 부부가 되는 것이고, 부모가 되는 것이다. 이처럼 사랑의 관계란 누가 누구에게 종속되는 것이 아니라 그리고 같아지기를 강요하는 것이 아니라 서로 다른 존재자인 주체와 주체가 만나 새로운 관계로 나아가는 것, 그것이 사랑의 관계이다.

레비나스는 사랑에 대한 정의를 이렇듯 새롭게 시도한다. 사랑은 누가 누구를 일방적으로 동질화시키는 것이 아니라 두 사람이 마주하는 가운데 자신을 서로 내어 주며 그와 더불어 새로워지는 것이라 한다. 사랑은 내가 일방적으로 하는 것도 더더욱 소유하는 것도 아닌, 타자를 나와 같이 동등한 주체로 여기며 마주하는 일이다. 그래서 둘이 하나가 되는 것이 아니라 둘 다 이전과 다른 새로운 존재자가 되는 일, 그것이 레비나스가 말하는 사랑이고 사랑의 관계이다. 사랑은 그런 의미에서 자기를 넘어서 가는 자기 초월이다. 이처럼 사랑은 자기를 넘어서 가는 일이며, 이전과 달리 생성해 가는 일이다. 그만큼 사랑은 쉬운 일이 아니다.

물질을 입고 사는 존재자는 지금 여기라는 구체적인 시간과 공간 안에서 살아가기에 잘 사는 삶, 바람직한 삶, 행복한 삶 역시도 이 세계에서 말하고 행하고 살아야 하는 것이다.

"우리 존재(existence)를 만드는 것은 우리 존재(existence) 자신이다. 우리는 숨 쉬기 위해 숨 쉬며, 먹고 마시기 위해 먹고 마시며, 거주하기 위해 거처를 마련하며, 호기심을 만족시키기 위해 공부하며, 산책하기 위해 산책한다. 이 모든 일은 살기 위해서 하는 일이 아니다. 이 모든 일이 삶이다. 삶은 하나의 솔직성이다. 세계에 속하지 않는 것과 반대되는 그런 것으로서의 세계, 그것은 그 안에서 우리가 거주하고 산책하고 점심과 저녁을 먹고 누구를 방문하고 학교에 가고 토론하고 체험하고 탐구하고 글을 쓰고 책을 읽는 그런 세계이다. 그것은 가르강투아와 팡타그뤼엘, 그리고 세계 최초의 문학 석사 가스터 나리의 세계다.⁴ 그러나 그것은 또한 아브라함이 가축 떼를 방목하고 이삭이 우물을 파고 야곱이 집을 짓던 세계다. 또한 그 세계 안에서는 에피쿠로스가 정원을 가꾸고 '각각의 사람들이 그의 무화과 나무와 포도나무 그늘 곁에 머문다.'"⁵

『존재에서 존재자로』 중에서

---

4 가르강튀아와 팡타그뤼엘은 르네상스 시대의 프랑스 작가 라블레(1494~1553)의 연작 소설의 주인공이다. 그런데 레비나스는 『존재에서 존재자로』 2. '세계'를 설명하는 부분에서 이들을 '솔직성'과 연관하여 내재적이고 세속적인 삶의 즐거움과 풍요로움을 가장 잘 대변하는 인물로 이야기하고 있다. 뿐만 아니라 레비나스는 『팡타그뤼엘』 제4권 57장에 나오는 가스터 나리(Messire Gaster)를 라블레가 '세계 최초의 문학 석사'라고 칭하고 있는 부분을 그대로 인용하고 있다. 『존재에서 존재자로』(서동욱 옮김) 참조.
5 "그날이 오면 너희는 포도나무와 무화과나무 아래에서 잔치를 베풀고 서로 오가며 살리라"는 이 구절은 『즈가리야』 3장 10절에 있는 말로서 야훼가 예언자의 입을 통해서 하는 말이다.

그런데 이 세계 안에서 산다는 것은 자신만이 아니라 자기와 같이 물질을 입고 사는 또 다른 존재자들과 관계하고 있는 것이다. 그래서 레비나스는 다른 존재자에게로 나아감, 다른 얼굴로 향함, 얼굴과 얼굴을 마주함에 대해 논하면서 사람과 사람 사이의 만남을 사귐이라는 구체적 행위로 설명하는 것이다. 얼굴과 얼굴을 마주한다는 것은 구체적인 주체와 주체와의 만남으로, 레비나스는 자신의 얼굴을 가진 주체만이 또 다른 얼굴을 가진 주체와 만날 수 있다고 한다. 그리고 주체와 주체와의 만남은 주체인 한 사람과 또 다른 주체인 한 사람과의 사귐(la socialité)이기도 하다.

사귐이란 남을 내 안으로 포섭하거나 혹은 내가 다른 존재자에게 함몰되는 것이 아니며, 그렇다고 남과 내가 분리된 채로 있는 것만도 아닌, 만남을 통해 새로운 나와 너가 되는 일이다. 사귐은 단순히 타자에게로 나아가는 것이 아니라 서로 다른 사람과 사람이 만나 이전과 다른 새로운 존재자가 되는 생성의 일을 가리킨다. 이처럼 사귐이란 단순히 누가 누구를 만난다는 사실을 이야기하는 것이 아니라 사람과 사람이 만나 이전과 다른 사람이 되는 구체적이고 실질적인 삶의 일을 의미한다.

레비나스는 이런 사귐의 관계를 부자 관계로, 사랑의 관계로 거듭 이야기하는 까닭은 뭘까. 남의 일을 남의 일로만 여기는 것이 아니라 자신의 일로 여기며 내 안에 그를 받아들이고, 나 또한 그에게로 향하는 그런 관계는 자신의 정체성을 잃지 않으면서도 이전과 다른 새로운 존재자가 되는 일, 즉 이전보다 더욱 풍요로운 관계로 나아가는 일이다. 어떤 논리로도 설명될 수 없는 이런 관계는 이성으로는 도저히 계산되거나 측량될 수 없는 신비(Mystère)의 영역이다. 신비의 영역이라 함은 알거나 배울 수 있는 것이 아니라 실제로 행하고 경험해야 비로소 느낄 수 있는 일이다. 이전에는 알지 못했던 낯선 타자와 만나 그와 더불어 이전과 다른 새로운 존재자가 되는 일은 늘 새롭고 신비로운 경험이다.

사랑은 세상의 모든 생명 있는 존재자들이 마주하며 만나며 나누는 일, 그것이다. 내가 다른 사람에게 느끼는 일방적 감정이나 그를 나의 것으로 삼고자 하는 소유욕이 사랑이 아니라 그와 더불어 이전과 달리 새로움을 낳는 일, 그저 있는 것이 아니라 이를 위해 구체적으로 행위하는 일, 그리고 그 행위에 책임을 다하는 일이 사랑이다.

레비나스는 바로 이러한 사랑으로 타자와 만날 것을 제안한다. 그것이 레비나스가 말하는 환대의 윤리다. 환대란 단지 남에게 친절하게 대하는 것이 아니라 나와 다른 존재자인 타자와 사귐의 관계로 나아가는 것, 그래서 그와 더불어 이전과 다른 새로운 차원으로 나이가는 것을 의미한다. 레비나스는 진정으로 사랑의 관계에서만 새로운 생성이 일어날 수 있음을 이야기한다. 진정한 변화는 폭력을 수반하는 무력이나 자유의지에 반하는 타율 내지는 자율성을 무화시키는 일방적인 수혜에서가 아니라 서로가 서로를 존중하는 사랑의 관계에서야 비로소 가능하다는 것을 레비나스는 이야기하고자 하는 것이다. 그런데 이런 타자를 배려하는 환대의 윤리가 우리의 삶 일상성 곳곳에서 행해져야 한다는 것이 레비나스의 진심 어린 이야기일 것이다.

6
일상적 삶과 존재자의 윤리성

우리는 왜 고독한가

사람들로 넘쳐나는 이 세상에서 사람이 없어 외롭다고 한다. 그 이유는 무엇일까. 사람은 많은데 자신의 이야기를 들어줄 진심 어린 친구가 없는 탓일까 아니면 그런 친구를 만날 시간이 없어서일까. 그 원인이 사람에게 있는 것일까, 아니면 사회 구조의 문제인가.

> "이성과 빛은 그것들 자체로 존재자인 한에서 존재자의 고독을 완성하며 완전히 유일하고 독특한 지표가 되어야 할 그 목표를 수행한다."
>
> 『시간과 타자』 중에서

레비나스는 사람이 고독한 까닭을 먼저 존재자의 존재성에서 찾는다. 그는 존재자란 물질을 입고 세계 내에서 자기로 현상하기에 고독할 수밖에 없다고 한다. 왜냐하면 존재자는 전체라는 존재로부터 분리되어 나오는, 다시 말해 특정한 시간과 공간 안에 자기로 홀로서기를 하는 까닭에 고독하기 마련이라 한다. 왜냐하면 개별자가 홀로 선다는 것은 어떤 구체적 물질을 입고 자기가 되는 것으로 이는 자기의 한계를 갖는 일이다. 자기가 입은 그 물질의 한계 안에 자신을 가두는 존재자는 고독하기 마련이다.

> "존재(être)는 존재함(exister)에 의해 스스로 고립한다. 내가 존재하는 한, 나는 단자(monade)이다. 문도 창문도 없이 내가 존재하는 것은 '존재함' 때문이지 타인에게 전달할 수 없는 어떤 내용이 내 안에 있기 때문이 아니다."

『시간과 타자』 중에서

레비나스는 일정한 세계 안에 제한된 존재자는 누가 옆에 없기 때문이 아니라 존재자의 존재성 때문에 우리는 모두 고독하기 마련이라 한다. 우리가 존재자인 한 우리는 모두 고독을 짊어질 수밖에 없다는 것이다. 우리가 무엇이 되고자 하는 한 우리는 고독할 수밖에 없다. 고독은 이처럼 어떤 특정한 존재자에게만 주어지는 것이 아니라 세계 안에 존재자로 살아가는 한 우리 모두는 고독할 수밖에 없다는 것이다.

> "고독은 로빈슨 크루소의 경우처럼 격리되었기 때문에 생기는 것도 아니고, 의식 내용물을 타인에게 전달할 수 없기 때문에 생기는 것도 아니다. 고독은 존재자와 그의 존재 작업 사이의 뗄 수 없는 통합으로 나타난다. 존재자 속에서 존재에 접근하는 것은 그것을 통일성 속에 가두는 것이고 후손들이 범하고자 했던 부친 살해를 파르메니데스가 피할 길을 터 주는 것이다. 고독은 존재자들이 있다는 사실 자체에 있다."

> 『시간과 타자』 중에서

레비나스는 존재자의 홀로서기를 존재자가 존재함을 자신의 것으로 떠맡아 그 무엇이 되고자 하는 사건이라 한다. 다시 말해 존재자가 존재라는 전체 속에 함몰되지 않고 그로부터 분리되어 자기가 되는 일, 그 일이 홀로서기다. 그러기에 전체로부터 떨어져나와 홀로서기를 하는 존재자는 고독할 수밖에 없다. 무엇이 결핍해서가 아니라 내가 된다는 사실이 고독한 일이다. 그래서 우린 나와 다른 존재자를 필요로 한다.

> "세계와 빛은 고독이다. 주어진 대상들, 옷을 입은 존재들은 나 자신과 다른 것이다. 그러나 그것들은 나의 소유이다. 빛에 의해 조명된 이

대상들은 어떤 의미를 지니며, 따라서 마치 그것들은 나로부터 나온 것들 같다. 이해된 우주 속에서 자아는 혼자이다. 즉 자아는 결정적으로 하나인 그런 존재(existence) 속에 갇혀 있다."

『존재에서 존재자로』 중에서

이처럼 우리가 고독한 까닭은 우리를 행복하게 하는 그 무엇이 없어서가 아니라 우리가 존재자로 홀로서기를 하며 있기에 고독한 것이라 한다. 레비나스는 이처럼 네가 없어서가 아니라 마음이 허해서가 아니라 가진 것이 없어서가 아니라 우리가 물질을 입고 시간과 공간 안에 거하는 존재자인 한 우리는 고독할 수밖에 없다고 한다. 물질로 한계가 설정되고 그로 인하여 다른 것과 구별되는 차이를 가지는 존재자는 늘 고독해 한다. 고독은 이처럼 존재자가 피할 수 있는 일이 아니라 반대로 존재자를 의미 있게 하는 것이다.

"고독은 그 자체로서 저주받은 것이 아니라 결정적인 것이라는 고독의 존재론적 의미 때문에 저주받은 것이다."

『존재에서 존재자로』 중에서

레비나스는 그러나 고독의 필연성만을 이야기하지는 않는다. 고독한 존재자이기에 우리는 자신을 넘어서 타자에게로 향한다는 면에서 고독을 달리 해석하기도 한다. 나와 다른 얼굴을 마주하며 그와 더불어 자신을 초월해 가며 이전과 다른 새로운 존재자가 되는 일은 한편으로는 고독하기에 때론 그 안에 함몰하려 하기도 하지만 다른 면에서는 그 고독으로 인하여 자신의 한계를 넘어서 나와 다른 타자에게로 나아가고자 욕망하는 것이다. 그래서 타자와 만나고 사귀며 사랑하며 이전과 다른 새로운 세계를 만들어 가는 것이다. 우리가 고독한 까닭에 우리는 나 아닌 너에게로 향하며 새로움을 열어 가는 것이다.

> "고독을 주체의 물질성에 관련지을 때 이때 물질성은 자기 자신에게 매이는 것이기 때문에 세계와 세계 안에 있는 우리의 실존이 그 자신에게 속한 무게를 극복하기 위해서, 그의 물질성을 극복하기 위해서, 다시 말해 자기(le soi)와 자아(le moi) 사이의 연결을 끊기 위해서, 어떤 의미에서 주체의 근본적인 발걸음을 구성하는가 하는 것을 이해할 수 있다."
>
> 『시간과 타자』 중에서

이처럼 고독은 반드시 부정적인 것만은 아니다. 우리가 고독하기에 홀로 있지 않고 타자에게로 나아가며 이전과 달리 새로워지는 까닭이다. 고독을 업고 사는 존재자인 우리는 고독하기에 다른 사람에게로 나아가고자 열망하며 자기를 초월하여 다른 사람에게로 나아가는 것이다. 그런 의미에서 고독이란 다른 사람에게로 향하는 초월을 가능하게 하기도 한다. 그렇기에 고독을 희석시키거나 없애 버리면 다른 사람과의 관계도 같이 잃어버릴 수 있다. 그렇기 때문에 우리는 고독을 피하기보다 오히려 고독을 통해 자기를 초월하여 다른 존재자에게로 나아가며 이전과 달리 새로워지는 창조적 생성을 이루어 갈 수 있어야 한다. 문제는 고독이 아니라 고독한 존재자가 타자에게로 나아가지 않음이 문제이다.

"세계 안에 존재한다는 것, 그것은 분명 존재(exister)하고자 하는 본능에 극도로 연루되는 것으로부터 벗어나서, 또 쓰고 있는 가면을 벗어버리지 못하는 자아, 처해 있는 모든 자리가 허식인 그런 자아의 모든 심연들로부터 벗어나서 그리고 고백하는 일이 불가능한 자로부터 벗어나서 욕망할 수 있는 것(욕망의 대상)을 향해 솔직하게 나아가는 일, 그리고 그것을 있는 그대로 받아들이는 것이다. 그것은 욕망의 그리고 솔직성의 가능성 자체이다."

『존재에서 존재자로』 중에서

서로 다른 시간과 공간을 살아가는 존재자는 그렇기에 타자에게로 향하지만 우린 타자에게 가까이 다가갈 뿐 타자를 소유하지도

126

소유할 수도 없다. 나와 다른 존재자는 내가 한정할 수 있는 자가 아니라 나와는 전적으로 달리 개별적으로 존재하는 존재자이기 때문이다. 그러므로 물질을 입은 고독한 존재자는 자신이 아닌 다른 존재자에게로 향하며 자기를 상실하지 않은 채로 타자와 만나 사귐의 관계를 가진다. 고독한 존재자는 다른 존재자가 가지는 이질성에 이끌려 그와 더불어 이전과 다른 새로움을 만들어 간다. 이처럼 고독은 우리를 새로움 앞에 세운다. 고독한 존재자는 새로움을 만들며 나오는 창조행위를 하고 있는 것이다. 이런 의미에서 고독은 우리로 하여금 노동이 아닌 예술을 하게 한다. 예술은 외로움이 아닌 고독을 입고 자라는 것이다.

"타자에게 도달하는 일은 그 자체로는 정당화되지 못한다. 그것은 나의 지루함에 대항하는 것이 아니다. 그것은 존재론적으로 자아의 범주들 자체와의 가장 근본적인 단절이다. 왜냐하면 자아에게 그것은 자기 속이 아닌 다른 곳에 존재하는 것이기 때문이다. 그것은 용서받는 것이며, 결정된 존재(existence)로 존재하는 것은 아니다. 타자와의 관계는 다른 자아와 결부되는 일로서 사유될 수 있는 것이 아니다. 또한 타인으로부터 이타성을 상실해 버리게 만드는 이해나 어떤 제3항의 주위에 있는 자와의 공동체로 사유될 수 있는 것도 이니다. 빛의 특성을 규정하는 관계들 가운데 그 어떤 것을 통해서도 자아의 결정성을 산산이

부수고야 마는 타자의 타자성을 파악할(saisir, erfassen) 수는 없다."

『존재에서 존재자로』 중에서

개별적 존재자들이 다른 존재자들과 만나며 늘 달리 새로워지는 까닭은 이처럼 존재자가 가지는 고독 때문이다. 다시 말해 물질을 입고 구체적으로 존재하는 개별적 존재자들은 자신이 입은 물질적 한계를 넘어 나와 같은 또 다른 존재자에게로 향한다. 레비나스는 이를 가리켜 타자에게로 나아감, 타자를 향한 지향성, 자기 초월 등으로 이야기한다. 자기로 존재하는 존재자만이 자기 초월도, 자기 생성도 가능한 것이다.

"에로스는 빛의 고독으로부터 벗어나, 즉 정확한 의미에서 현상학으로부터 벗어나 빛과는 다른 곳으로 우리를 인도하는 철학의 주체이다. 현상학적 기술은 그 정의상 빛을 벗어날 수 없을 것이다. 다시 말해 그것은 고독 속에 갇힌 홀로 있는 인간, 불안과 종착지로서의 죽음을 벗어날 수 없을 것이다. 이러한 현상학적 기술은 그것이 수행하는 타인과의 관계에 대한 분석이 어떤 것이든 간에 우리의 연구에서는 만족스럽지 못하다. 현상학으로서 그것은 빛의 세계, 타인으로서의 타인이 없는 홀로 있는 자아의 세계에 안주하고 만다. 홀로 있는 자아에게 타인은 공감(sympathie)을 통해, 즉 자기 자신으로의 회귀(retour à soimême)를 통해 인식하게 되는 다른 자아, 타아(他我)이다."

『존재에서 존재자로』 중에서

몸을 가진 존재자

레비나스에 의하면 있다는 것은 무엇으로 있는 것이요, 무엇으로 있다는 것은 물질을 입고 일정한 시간과 공간 안에 들어서는 것이다. 물질을 입고 일정한 시간과 공간 안에 들어선 존재가 바로 존재자이다. 존재자는 그냥 존재하는 것이 아니라 물질을 입고 구체적으로 현존하는 것이다. 실제로 존재하는 것은 익명의 존재가 아닌 구체적 물질을 입고 특정한 시간과 공간 안에 들어서 있는 바로 이들 개별적 존재자들이다. 존재자는 무엇으로 존재하기 위해서 구체적 물질을 입는다. 물질을 입는 행위를 하고 있는 것, 그것도 자기가 처한 상황에서 가장 적합함을 취하고 있는 것, 그것이 개별적으로 존재하는 존재자들이다.

자기로 드러나는 행위, 즉 자기가 되는 일을 하고 있는 존재자는 자기가 되는 일에 따른 책임을 가진다. 자기로 정립하는 책임을 자신 안에 가지는 존재자는 때문에 단순한 시유의 주체가 아니라 행위의 주체이며, 책임의 주체이다. 막연히 있는 존재가 아닌 물질을 입고 구체적으로 행위하고 있는 존재자, 물질을 입은 구체적 존재자는 자신이 존재하는 그 행위에 책임을 진다. 물질을 입었다는 것은 구체적으로 현존하는 것이요, 현존한다는 것은 구체적으로 행위하고 있는 것이다. 여기에서 책임이란 우리가 무엇을 하고 하지 않고의 문제가 아니라 자기가 자기로 현존하는 일, 그 자체가 이미 존재 행위를 하는 것이고, 저렇게가 아닌 이렇게 존재하는 바로 그 일이 바로 나의 자유에 따른 것으로 존재자는 바로 그 일에 책임을 지는 것이다.

물질을 입음으로 자기로 현현하는 데 따른 책임을 가진 존재자는 그 책임이 곧 자기 정체성이다. 각기 다른 시간, 공간, 상황, 환경, 정황에 따라 달리 자신을 만들며 있는 존재자는 그로 인한 책임이 그 누구와도 대치할 수 없는 고유한 특성이 되는 까닭이다. 그러므로 각기 다른 모습으로 현현하는 존재자는 자신만의 고유함이라는 그만의 정체성을 가지는 까닭에 그 누구로부터도, 또 그 누구와도 비교, 무시, 훼손을 당할 이유가 없다.

그런데 존재자의 고유성은 자기가 자기로 되는 그 물질에 제한된다. 물질은 일정한 질량을 가지며 질량은 특정한 공간을 점하기 때문에 어떤 한곳을 점하고 있는 물질은 동시에 다른 곳을 점할 수가 없다. 때문에 존재자는 공간적 제약만이 아니라 물질의 변화에 따른 시간적 제한도 갖기 마련이다. 그러므로 일정한 시간과 공간 안에 거하는 물질을 입은 존재자는 일정한 한계를 가질 수밖에 없다. 그것이 특정한 세계 안에 자리하는 존재자의 한계다. 존재자는 자기가 처한 시간과 공간이라는 세계로부터 영향을 받기 마련이며, 물질을 입은 존재자는 그렇기에 그 한계를 넘어 사유한다. 단순히 자기가 사는 세계 안에 갇히는 것이 아니라 사유함으로 이를 넘어서 가고자 하는 것이다. 그런 까닭에 물질을 입은 존재자는 자기와 다른 또 다른 물질을 입은 존재자와 만나 자신의 한계성, 즉 자신의 물질성을 극복해 간다. 사람을 가리켜 사회적 존재라 하는 까닭이 여기에 있다.

그런데 존재자는 존재자를 통해서만 극복해 갈 수 있다. 왜냐하면 존재자는 존재자성을 통해서만 자기를 정립해 나가기 때문이다. 그런 까닭에 물질을 입은 존재자는 자기와 같이 물질을 입은 존재자를 필요로 한다. 그러므로 자신을 넘어 다른 사람에게로 나아가는 일은 남을 위해서이기 전에 자기 자신을 위한 일이다. 그런 의미에서 자기와 다른 존재자에게로 향하는 일은 매우 중요한 일이 아닐 수 없다.

세상에는 무수히 많은 존재자, 나의 타자가 있다. 우리는 그들과 더불어 살아가야 하는 것이다. 우리의 행복과 불행도 이들과의 관계 속에서 만들어진다. 레비나스는 그 까닭을 바로 물질을 입고 살아가는 존재자의 존재성으로 구한다. 즉 물질을 입고 세계 안에 거하는 존재자는 자기와 다른 타자와의 관계성을 통해서만 자신의 한계를 넘어서 갈 수 있기 때문이다.

그러나 물질을 입은 존재자는 자기(soi)와 다른 물질을 입은 존재자를 알지 못한다. 자기와 다른 시간과 공간을 살아가는 존재자를 안다는 것은 자기와 다른 존재자의 물질성을 모두 부인하는 것이기도 하다. 왜냐하면 나도 타자도 물질성이 가지는 한계 안에 있기 때문이다. 그래서인가. 우리는 그들과 함께 살아가기는 하지만 그런 존재자가 늘 낯선 것도 사실이다. 그래서 우리는 그들을 타자라 부른다. 다시 말해 구체적 물질을 입은 몸을 가진 존재자는 타자와 더불어 그 한계를 초월해 가려 하지만 각기 다른 시간과 공간을 살아가는 탓에 타자는 늘 생경스럽다. 우리는 나와 다른 타자에 다가갈 뿐 알 수가 없다.

그러한 면에서 타자는 내(moi)가 알 수 없는 미지의 세계요. 내가 알 수 없는 미래라 하는 것이다. 우리는 나와 다른 그 이질성과 낯섦을 마주하면서 다시 말해 그로 인한 기대와 설렘 속에 늘 다른 존재자에게로 향한다. 그를 알아서가 아니라 나의 존재성이 그러하기에 우리는 낯선 타자를 향하여 나아가는 것이다.

다른 존재자와 마주하지 않는 존재란 '홀로 있음'이며, '그저 있음'일 뿐이다. 이는 엄밀히 말해서 존재하는 것이 아니다. 존재하는 것은 물질을 입고 무엇으로 구체적으로 존재할 뿐만 아니라, 자기와 다른 존재자들과 관계하며 있는 것이다. 레비나스는 이를 가리켜 타자와의 만남, 또는 사귐이라 한다. 물질을 입은 존재자의 만남과 사귐은 관념의 유회가 아닌 구체적이고 실질적인 일로 물질을 입고 사는 존재자는 실질적이고 구체적인 행위의 연관 안에서 자신을 만들어 가며 있는 것이다. 몸을 입고 사는 고독한 존재자의 행위는 이런 의미에서 새로움을 만들며 나오는 창조라는 예술이 된다.

그런 의미에서 존재자의 삶과 죽음은 추상적인 죽음이 아닌 실질적인 경험의 차원에서의 삶과 죽음의 문제이다. 레비나스는 타자의 존재성을 망각하고 그를 어떤 일에 수단이나 방법으로 치부하는 것은 곧 타자의 존재를 무화시키는 일로 우리는 이를 타자에 대한 폭력으로 본다. 타자의 폭력, 즉 존재자의 존재성을 인정하지 않는 것은 곧 타자의 죽음을 말한다.

그러나 타자의 죽음은 타자의 죽음으로 끝나지 않는다. 물질을 입은 존재자는 타자에 의해서 자신의 삶도 살아가는 까닭에 타자의 부재는 곧 나의 부재가 된다. 그러므로 우리는 나와 다른 존재자인 타자를 배제하거나 무시할 것이 아니라 오히려 그를 배려하고 환대해야 할 필요가 있다. 우리는 그와 더불어 이전과 달리 새로운 존재자가 되어야 하기에 그렇다. 바로 이것이 우리에게 주어진 책무라며 레비나스는 이를 무한책임으로 이야기하는 것이다.

레비나스는 이처럼 물질을 입은 존재자는 나와 다른 타자와 대립하거나 배제할 것이 아니라 오히려 함께할 수 있어야 한다고 한다. 달리 말해서 물질을 입은 존재자는 자기와 다른 존재자와 만나야 새로워지는 것이기 때문이다. 만남은 얼굴과 얼굴을 마주하는 것이며, 이는 타자의 목소리에 귀 기울이는 것이다. 그리고 타자의 목소리에 귀를 기울인다는 것은 그와 사귐의 관계를 갖는 것이다. 그래서 나는 나의 타자에 대해 책임을 진다는 이야기이다. 이것이 레비나스가 말하는 타자를 향하는 지향이고, 자기 초월이며, 타자의 얼굴을 마주하는 일이자 타자와 관계하는 일이다.

서로 다른 시간과 공간을 살아가는 각기 다른 차이를 가진 존재자는 서로에게 가까이 다가갈 뿐 서로를 알지 못한 채 다른 사람에게로 향한다. 그가 가진 이질성에 낯설어 하면서도 그 이질성으로 하여 늘 타자를 향하여 있는 것이다. 다시 말해 자신과 다른 존재자와 만나는 일, 그것이 물질을 입은 존재자가 해야 할 책무이자 존재성이다. 레비나스는 이것이 존재자의 윤리라고 이야기한다.

레비나스가 목도하는 것은 하이데거처럼 존재자의 존재가 아닌 존재가 구체적으로 물질을 입고 시간 안에 현현하는 존재자이다. 그는 실제로 죽고, 배고프고, 외롭고, 고통스러워 하는 그러나 그러기에 때론 기쁘고, 즐겁고, 배부르기도 하는 그런 존재자야말로 실제로 존재하는 것이라 한다. 그저 있지 않고, 홀로 있지 않은 존재자는 타자와 만나며 관계하며 홀로서기를 하기에 타자와 어떻게 만나고 관계하는가 하는 것이 중요하다. 이는 곧 내가 어떻게 살고 있는가 하는 문제가 되기 때문이다.

노동하는 삶

레비나스는 후설의 현상학을 통해 인간에 대해 실존적 분석을 해 나간 하이데거의 세계-내-존재에 대해 관심을 표한다. 그리고 하이데거가 이전의 철학자들과 달리 사람을 세계-내-존재로 파악하며 현존재에 대한 이해를 새롭게 하는 데에 대해서 입장을 같이한다. 그러나 레비나스는 하이데거의 현존재 이해를 더욱 철저하게 사유하며 존재자의 차원에서 존재의 문제를 고찰해 간다. 다시 말해 하이데거가 현존재를 이야기하면서도 존재하는 것은 현존재를 가능하게 하는 존재라는 입장을 취하는 데 반하여, 레비나스는 참으로 존재하는 것은 존재가 아닌 존재자라 하며 하이데거와 달리 현존재의 현존성을 극대화한다. 즉 레비나스는 존재하는 것은 존재가 아니라 구체적으로 몸을 가진 현-존재(Da Sein), 즉 존재자라고 하는 것이다.

존재하는 것은 구체적으로 존재해야 하는바, 레비나스는 하이데거가 말하는 존재는 단지 그저 있음의 상태일 뿐 무엇으로 존재하는 것이 아니기에, 다른 것들과 구별될 수 있는 차이를 가진 존재자야말로 무엇이라는 자기로 존재하는 것이라 한다. 레비나스는 무엇보다도 자신의 몸을 가진 개별자야말로 참으로 존재하는 것이라 하는 것이다. 개별자란 지금 여기에 구체적으로 존재하는 현존재로서, 존재하는 것은 존재가 아닌 존재자라고 하는 것이다. 일정한 시간과 공간에서 물질을 입고 자신을 구체적으로 드러낸 현존재는 그저 있는 존재가 아니라 무엇으로 현현하며 있는 개별적 존재자인 것이다.

이와 같이 물질을 입음으로 그 존재성을 부여 받는 현존재는 존재와 달리 물질을 취하고 있다. 레비나스는 이를 가리켜 현존재인 존재자는 구체적 물질을 입기 위한 '일'을 하고 있다고 하면서 존재자는 그냥 있는 것이 아니라 자기가 되기 위한 구체적 '행위', 즉 물질을 입는 자기 정립의 '일'을 하고 있다고 한다. 레비나스는 현존재인 존재자가 자기로 존립하는 바로 그 행위를 물질을 취하는 일과 연계시킨다. 물질이란 존재자를 존재하게 하는 바로 그것으로 물질을 취함 없이 존재자는 존재할 수 없다는 것이 그의 생각이다. 그런 차원에서 끊임없이 물질을 취하며 자기로 정립해 가는 존재자에게 물질이란 단순한 물질이 아니다. 존재자에게 물질이란 자기로 존재하기 위한 절대 필요한 요소로 존재자는 물질을 취함으로써 자기를 영속해 가는 것이다. 그러기에 존재자는 물질을 취하기 위하여 끊임없이 '일'을 해야 한다.

특정한 시간과 공간 안에 물질을 입고 들어선 존재자의 존재성은 물질성에 기반한다. 물질을 취하며 살아가는 존재자에게 물질이란 자신으로 존립하기 위해 필수 불가한 요소이다. 사람들은 이를 얻기 위해 일을 한다. 물질을 입고 이를 취하며 살아가야 하는 존재자에게 있어 물질이란 하이데거나 사르트르가 이야기하는 것처럼 비본래적이거나 무가치한 것이 아니다. 그렇다고 마르크스와 같이 물질이 모든 것을 낳는 것으로 여기지도 않는다. 다만 물질을 입고 사는 존재자들에게 물질은 지속적으로 취해야 하는 필수불가결한 요소로 존재자는 이를 위해 일을 해야 하는 것이다. 다시 말해 존재자는 일을 함으로 홀로서기를 하는 것으로 자기로 살아가는 자유를 일을 통해 확보해야 하는 것이다.

"현재 자체 속에 그리고 다시 일어설 수 있는 자유 속에서 물질이 지닌 무게가 있음을 충분히 인정하고자 한다. 물질적 삶이야말로 존재의 익명성에 대한 승리요, 동시에 그의 자유 자체에 의해, 스스로 매어 있는 비극적인 고정성(le définitif)임을 우리는 인정하고자 한다."

『시간과 타자』 중에서

그런 의미에서 존재자에게 먹거리는 중요하다. 먹거리란 우리가 살기 위해서 매일같이 취하는 물질로 우리는 먹거리를 통해서 물질을 취한다. 우리는 먹거리를 통해서 물질을 취하기에 먹거리를 얻기 위한 노동을 필요로 한다. 이 세상에 존재하는 모든 존재자는 자신의 먹거리를 얻기 위해 노동을 해야 하는 것이다. 노동이란 우리에게 먹거리를 제공하는 생산적 활동이다. 그런 의미에서 노동은 존재자가 자기를 정립하기 위하여 물질을 얻는 방식이라 하겠다.

"노동은 인간의 삶에 지배와 소유의 차원을 열어 준다. 환경세계가 지닌 무규정성과 익명성은 노동을 통해 해제되고 사물은 이제 분명한 의미와 기능을 갖게 된다. 사물은 노동을 통해 인간의 생존수단으로 도구로서 취급되며 사회적 관계에서 교환 가능한 대상으로 전환된다."

『전체성과 무한』 중에서

자연으로부터 먹거리를 얻기 위해 노동을 해야 하는 존재자에게 노동은 존재자가 이 세계에 거주하며 살아가기 위해서 지불해야 하는 대가이다. 사람은 노동을 통해 자연으로부터 먹거리를 취하며 자기를 정립하며 자연 안에 자기의 공간을 확보한다. 따라서 노동은 사람이 자연을 자기화하는 수단이기도 하다. 그러한 면에서 노동은 자연과의 투쟁이라 할 수 있다.

"인간은 거주와는 달리 노동을 통해 주변 세계를 정복하고 지배한다. 레비나스는 노동을 즐김과 대비시킨다. 우리는 우리의 욕구와 목표를 실현하기 위해 땀을 흘리고 오늘의 즐거움을 유보한다. 현실은 노동을 통해 소유되고 일정한 꼴이 획득되며, 우리에게 종속된다."

『시간과 타자』 중에서

사람은 노동에 상응하는 대가를 자연에게 요구하며 이로 인하여 희로애락과 같은 여러 가지 삶에 애환들을 겪기도 한다. 그래서 노동하는 인간은 고달프다. 이것이 물질을 입어야 하는 존재자의 피할 수 없는 숙명이기도 하다.

그러나 사람은 반드시 어떤 대가를 위해 일하기만 하는 것은 아니다. 우리는 어떨 때는 이와 관계없이 자신의 존재 의미를 찾기 위해 일하기도 한다. 일이란 존재자가 자신의 존재를 만드는 일임과 동시에 어떤 목적 내지는 의미를 부여하는 일이기도 하다. 아무런 대가 없이 일 자체를 즐기는 것을 우리는 일과 노동과 구별하여 만듦, 제작이라 한다. 마치 예술가가 돈을 벌기 위해서가 아니라 일 그 자체에 의미를 가지고 하는 행위를 할 때 우리는 이를 노동이라 하지 않는다. 예술가는 그 일을 노동으로 할 수도 있지만 대체로 예술은 그 자체를 즐기고자 하는 향유(jouissance)와 관계되어 제작하는 것이다.

향유란 즐김의 다른 표현으로 모든 존재자의 존재 방식이면서 동시에 대상과의 관계를 지칭하는 말이기도 하다. 즉 대상과 하나가 되기도 하면서 또 거리 두기를 할 줄 아는 주체가 누리는 온전한 의식을 우리는 향유라 한다. 이는 존재자가 주체로서 홀로서기를 하면서도 자신이 속한 세계의 모든 존재자와 관계 맺음을 할 수 있는, 다시 말해 자기의 한계 안에 거하면서도 자기를 넘어서 살고자 하는 누림의 존재 방식이다.

그러한 면에서 모든 존재자가 다 같은 일을 하고 있는 것은 아니다. 때론 같은 존재자라 하더라도 어떤 이는 일로, 노동으로 그리고 때로는 제작을 하며 각기 달리 물질을 취하고 있다. 그런 까닭에 우리는 늘 자신을 돌아보며 자신이 하는 일에 대해 생각할 수 있어야 한다. 그러한 면에서 우리는 우리의 삶의 방식을 돌아볼 필요가 있다. 인류가 과연 진화론적 발전을 이루어 왔는가. 과학의 발전이 과연 사람을 해방시켜 왔는가. 물론 한편으로는 그러한 면도 없지는 않지만 실제로 사람들의 노동 시간은 오히려 더 길어진 까닭은 왜일까. 존재자가 존재자로서 필요한 물질에 대한 욕구와 욕망을 자본주의는 어떻게 궁리하면서 소비와 소유를 부추켜 왔는가. 정말 우리에게 필요한 것은 무엇인가. 우리에게 필요한 것과 필요하지 않은 것조차도 구별할 수 없을 정도가 되어 버린 오늘의 현실에서 레비나스가 물질과 노동을 통해 이야기하고자 하는 것은 무엇일까. 정작 우리의 삶과는 거리가 먼 단순히 소비를 위한 노동을 위해 우리가 희생하고 있는 것은 무엇인가. 노동하는 삶이 숭고하기도 하지만 때로는 그렇지 못한 까닭은 왜인가. 그렇다며 우리가 하는 행위는 어떠한가.

유한한 시간과 죽음

 일정한 공간을 점하는 물질은 그에 따른 시간의 제약을 갖기 마련이다. 이것이 물질의 특성이다. 따라서 물질을 입은 존재자는 물질이 가지는 특성으로 인하여 제한된 삶을 살기 마련인데 그것이 죽음이다. 그러나 존재가 물질을 입고 시간 안으로 들어가는 한 그것은 구체적 현존으로 나아가는 개방의 지점이기도 하다. 존재자는 시간과 더불어 자기로 있기도 하고 남과 사귀기도 하며 자기를 초월해 가기도 한다. 그러나 구체적 시간과 공간 안에서 현현하는 존재자의 시간이란 유한한 시간이다.

 "시간이란 혼자 떨어져 있는 한 주체의 사실이 아니라 한 주체와 남과의 관계를 보이려는 데 있다."

『시간과 타자』 중에서

존재자에게는 자기로 현현하는 시간이 있다면 그렇지 않은 무화의 시간도 있기 마련이다. 우리는 그것을 죽음이라 한다. 물질을 입고 사는 존재자는 유한한 시간 안에 살기 마련이다. 그런데 존재자는 죽음을 경험할 수는 없다. 산 자는 결코 죽음을 알지도 더더욱 경험할 수도 없다. 그것은 살아서는 경험할 수 없는 것이다. 유한한 시간을 사는 존재자에게 죽음은 필연적이나 죽음을 경험할 수는 없다는 사실, 그것이 존재자가 가지는 실존의 모습이다. 유한한 시간을 살아가는 존재자에게 있어 죽음은 미래에 있을 사건으로 그것은 아직의 시간이다. 그렇기에 유한한 존재자는 늘 죽음에 대한 염려가 있다. 더욱이 알 수도 경험할 수도 없는 죽음으로 인하여 존재자는 늘 두려움에 떤다. 그래서 하이데거는 죽음을 선취하는 것으로 극복해 가고자 하지만 죽음은 선취할 수 있는 것이 아니다. 죽음은 그저 맞이할 뿐이다. 도적처럼, 쓰나미처럼 죽음이 내게 오는 것이지 내가 죽음을 좌지우지할 수 있는 것은 아니다.

그렇기에 죽음 앞에서 우린 겸허해진다. 그 어느 죽음일지라도 그것은 우리의 의지와 통제 너머 있는 것이기에 함부로 할 수가 없다. 그럼에도 우리는 죽음조차도 마음대로 하려고 하고, 할 수 있다고 생각한다. 자신은 물론 사람들이 사람을 죽음으로 내모는 일은 단순히 누가 누구를 살생하는 일이 아닌 인간이 인간이기를 포기하고, 인간성을 잃어버리는 인간 자멸의 일이다. 우리는 시간과 더불어 살아가며 시간과 더불어 죽음에 이른다. 그럼에도 서둘러 죽이고 죽임을 당하는 이유는 뭔가. 아직도 끊임없이 죽임이 행해지고 있는 이유는 뭔가.

.

7
일상성과 구원

우리는 왜 고통스럽나

사람은 누구나 죽음이 아닌 삶을, 불행이 아닌 행복을 꿈꾼다. 그 이유는 우리가 아직 행복하지 않기 때문인가. 이 세상에 어떤 누구도 불행하기를 원하는 사람은 없건만 왜 사람들은 행복보다는 고통을 이야기하는 것일까. 그 이유가 무엇일까. 도대체 무엇이 우리를 고통스럽게 하는 것일까. 만약에 무엇이 우리를 고통스럽게 하는지 안다면 우리는 그 고통으로부터 벗어날 수 있을까.

레비나스는 우리가 고통스러운 까닭을 우리가 어떤 행동을 한 결과, 즉 우리의 행동에 문제가 있어서가 아니라 우리의 존재성 자체가 고통을 수반한다고 한다. 다시 말해 레비나스는 우리가 고통스러운 것은 우리의 행동 때문이 아니라 우리가 이 세상을 살아가기 위해 지불해야 하는 필연적인 것으로 이야기한다. 왜냐하면 존재자란 전체로부터 벗어나 자기가 되는 홀로서기를 하는 것이기 때문에 홀로되는 고통을 수반한다고 한다.

> "고통이 그토록 뼈아픈 까닭은 그것을 회피할 수 없기 때문이다. 고통은 삶과 존재의 궁지에 휘몰리고 있다는 사실이다. 이러한 의미에서 고통은 불가능성이다."
>
> 『시간과 타자』 중에서

홀로서기란 그저 있는 상태인 '홀로 있음'과 달리 구체적으로 무엇이 되는 일로 전체로부터 벗어나 개별자가 되는 일이다. 그래서 홀로서기를 하고 있는 개별자인 존재자는 전체로부터 분리되는 고통을 갖기 마련이다. 전체로부터의 이탈은 자기가 있던 곳, 자기로 있던 것을 찢고 나아야 하는 것이기에 익숙함과의 결별, 안락으로부터의 이탈, 평안으로부터의 소외, 그리고 불안으로의 초대라 할 수 있다. 그래서 고통스러울 수 있다.

그러나 이를 통해서 존재자는 비로소 자기가 된다. 그러기에 자기가 되는 일은 한편으로는 존재하는 기쁨이기도 하면서 또 다른 한편으로는 고통스러운 일이기도 하다. 이처럼 고통은 새로움을 낳기 위한 전제라 할 수 있다. 그러한 면에서 존재자에게 고통은 존재함의 조건이자 창조적 탄생을 위한 전제이기도 하다. 이처럼 존재자에게 고통은 탄생의 다른 단면으로 존재하는 것은 양면성을 가진다고 하겠다.

그러한 의미에서 다소의 차이는 있다 하여도 고통스럽지 않은 존재자란 없다. 나만 고통스럽고 너만 고통스러운 것이 아니라 우리 모두는 다 고통스럽다. 자유로울 것 같은 하늘을 나는 새도, 힘이 센 밀림의 왕자라 하는 사자도, 수륙을 마음 놓고 다니는 파충류도 그것이 그것으로 존재하기 위해선 고통을 지불해야 한다. 그런 의미에서 세상의 모든 존재자는 고통에서 태어난다고 할 수 있다. 아기들이 세상에 태어날 때 울면서 태어나는 이유인가.

진통 없이 새로운 생명의 탄생을 기대할 수 없듯이 모든 새로움은 고통을 수반한다. 고통 없이 무엇을 기대하는 것은 수고 없이 결과를 얻고자 하는 것과 마찬가지다. 노동 없이 생산물을 얻으려 하는 것은 자기기만이다. 세상에 존재하는 모든 존재자는 고통과 함께 태어나 고통과 함께 소실된다. 다시 말해 그저 있지 않고 무엇이 되고자 홀로서기를 하고 있는 존재자는 자기가 되는 아픔(la peine)과 고통(souffrance), 그리고 괴로움(la douleur)[6]을 가진다. 그가 누구든 무엇을 하든 이 세상에 존재하는 한 우리는 모두 그 나름의

---

6 레비나스는 고통을 아픔, 괴로움과 같은 의미로 사용한다.

힘듦을 안고 산다. 이 세상에 무엇으로 존재한다는 것은 어쩌면 고통과 같이 하는 것일지도 모른다. 그래서 석가모니는 인생은 고(苦)라 했나.

전체로부터 분리되어 구체적인 내가 되는 생성의 일은 이처럼 고통을 통해서 이루어진다. 때문에 물질을 입고 시간과 공간 안에 자신을 드러내 보이는 존재자의 고통이란 단순히 관념적이거나 또는 신체적이기만 한 것은 아니다. 그렇다고 고통이 어떤 일에 결과로 주어지는 것도 아니다. 레비나스가 말하는 고통이란 무엇보다 물질을 입은 존재자가 가지는 실존적 의미에서 존재자가 가지는 한계에 대한 다른 표출이다. 하여 레비나스는 고통을 존재론적 차원에서 존재자의 존재성으로 해명한다.

그렇기에 레비나스가 말하는 고통은 불교에서 말하는 고통이나 육신의 상함으로 인한 고통, 또는 마음의 번잡함으로 겪는 고통과는 차이가 있다. 레비나스가 말하는 고통이란 우리가 무엇을 잘못했거나 문제가 있어서가 아니라 오로지 우리가 우리로 존재하기 위해서 지불해야 하는 '존재 세(稅)'와 같다. 다시 말해 우리가 '존재'처럼 그저 있지 않고 자기가 되고자 하는 한 우리는 고통을 동반한다. 왜냐하면 '홀로서기'를 하는 존재자는 전체로부터 분리되어 나오는 대가를 지불해야 하기 때문이다. 그것이 고통이다. 때문에 우리는 고통 없이는 내가 될 수 없다. 그러므로 고통은 나의 존재를 가능하게 하는 것으로 고통이 있기에 나도 있다고 하겠다.

> "고통을 통해 자신의 고독을 더욱 팽팽하게 지탱하고 죽음에 직면해서 설 수 있는 존재만이 타자와의 관계가 가능한 영역에 자신을 세울 수 있다."
>
> 『시간과 타자』 중에서

이러한 면에서 우리는 고통에 대해 다시 생각해 볼 필요가 있다. 즉 고통은 피할 수는 없으나 감내할 수 없는 것이기만 한 것은 아니다. 고통은 생각하기에 따라 나를 의미 있게 하기도 한다. 우리는 고통을 통해 태어나지만 고통을 겪으며 새로워지기도 한다. 알에서 단단한 껍질을 뚫고 나와야 병아리가 되고 새가 되듯이, 그리고 고치를 틀고 있어야 누에가 되고, 번데기는 껍질을 벗어야 자유로운 나비가 되듯이, 우리도 고통과 더불어 고통을 통해 새로워지는 것이다. 그러므로 고통을 회피하기보다 고통과 함께 새로움 앞으로 나아갈 용기가 중요하다. 고통은 나란 존재자가 되는 의미 있는 일이기도 하기 때문이다.

그럼에도 불구하고 사람들은 이러한 고통을 최소화하기 위하여 다양한 방법을 제안하고 사회·제도 규칙을 만든다. 그러나 때론 이것들이 사람의 고통을 해소하기보다는 오히려 사람을 억압하고 탄압하는 기제로 작동하기도 한다. 왜냐하면 그러한 제도나 규칙은 모든 사람을 동일성의 세계로 이끌기 때문이다. 따라서 어떤 제도나 질서를 맹목적으로 신뢰하고 절대화할 경우, 이것이 우리들의 고통을 해소해 주기보다는 오히려 우리를 힘들게 하는 지배 이데올로기가 되기도 한다.

그런데 이데올로기가 팽배한 사회에서는 사람들이 자기의 존재성을 돌보기보다는 사회가 요구하는 것에 일방적으로 끌려다니기 쉽다. 그래서 사람들은 자신에 대한 성찰은 유보하고 사회가 요구하는 것에 전력투구하게 된다. 타자를 고려하기는커녕 자기중심적인 사유 속에서 누구보다 먼저 선점하고 쟁취하기 위한 헤게모니 다툼을 벌이기 때문이다. 이로 인하여 사람들의 고통은 더욱 가중되기 마련이고, 순간이라도 고통을 벗어나고자 하는 사람들은 이것을 취하면, 이것을 이루면, 이것을 가지면 하는 마음으로 남보다 먼저 선점하고 소유하고 소비하기 위해 무한 경쟁을 하거나 이를 견디기 위해 특정 물질에 의존하거나 습관적인 행위 중독의 위험에 처하기도 한다. 그 결과 서로 폭력과 죽임이라는 극한 상황으로까지 치닫고 있는 것이 오늘 우리가 당면한 현실이다. 아무도 행복하지 않은, 서로가 서로를 힘들게 하는 사회에서 우리는 어디에 있는가.

레비나스는 이러한 현실을 직시하면서 도구적 방법이 우리의 고통을 줄일 수 있는 것은 아니라 한다. 이는 오히려 우리의 고통을 증대시킬 뿐 해소하지 못한다며 그 실례를 나치의 3S 청책에서 찾는다. 우리가 존재자로서 가지는 존재론적 고통은 그 어떤 외재적 장치나 방법으로 해소될 수 있는 문제가 아니라 우리들의 사유, 즉 철학함을 통해서만 극복할 수 있음을 레비나스는 이야기한다. 레비나스는 이러한 판단 하에 고통에 대한 이해를 새롭게 하며 지금과 같이 타자를 배제하고 소외시키는 것이 아닌 서로 배려하고 환대하는 윤리의 일을 논한다.

삶의 고통은 서로 경쟁과 분열, 다툼과 같은 힘의 논리에서가 아니라 서로 배려하고 보살피는 사랑의 논리에 의해서만 경감되고 극복될 수 있음을 레비나스는 이야기하고자 한다. 왜냐하면 고통이란 앞서 살펴보았듯이 우리 삶에서 배제할 수 있는 것이 아니라 같이해야만 하는 것이기에 회피하거나 배제하기보다 고통과 어떻게 관계를 가질 것인가 하는 문제가 보다 중요하다. 그리하여 레비나스는 힘의 논리와 다른 배려와 사랑의 논리로 고통을 마주할 것을 권한다. 변화는 힘으로가 아니라 사랑으로 이루어지는 것으로, 우리가 가지는 고통은 마치 미녀와 야수에서처럼 사랑으로만 해소되는 것임을 레비나스는 밝혀 보이고자 하는 것이다.

애무와 초월

　사랑이란 이처럼 자신 안에 머무르지 않고 다른 사람을 향해 나아가며 이전과 달리 새로운 존재가 되는 일이다. 그것이 이성 간의 사랑이든, 부자간의 사랑이든 사람과 사람 간의 사랑이든 레비나스는 모두 같은 논리로 이야기한다. 다시 말해 자신과 다른 이질적인 존재자에게로 향하며 그들과 더불어 새로운 존재자가 된다는 것이야말로 사랑의 일이다. 이처럼 사랑이란 같음에서가 아니라 서로 다른 차이에서 이루어지는 것으로, 레비나스는 서로 다른 차이를 가진 사람이 자신과 다른 사람을 향하는 행위를 애무로 이야기한다.

　애무는 단순히 살갗을 더듬는 행위가 아니라 얼굴과 얼굴을 마주함으로 타자의 시선 너머에 있는 그 사람의 마음 상태를 어루만지는 일로 이를 통해 새로운 관계로 나아가고자 하는 일이다. 다시 말해 애무란 신체의 일부를 더듬는 행위가 아니라 사람의 존재성에로 조심스럽게 다가가는 것, 다시 말해 물질을 입은 너와 나의 존재자 너머에 있는 그 무엇인가를 찾아가는 것이다. 이는 둘을 넘어선 제3의 무엇을 추구하는 일로 단순히 내가 너를 지배하거나 소유하는 것이 아니라 너와 함께 내기 알지 못하는 전혀 다른 세계로 나아가는 일이다. 어쩌면 영원히 알 수 없는 그것을 향해 나아가는 것, 그래서 다가가면 갈수록 뒤로 미끄러지며 끊임없이 그를 향하여 조심스럽게 다가가는 행위, 그것이 애무이다.

애무란 이처럼 내가 알지 못하는 세계, 즉 낯선 세계, 새로운 세계를 향해 나아가는 몸짓이다. 달리 말해서 애무는 내가 아닌 다른 것, 그래서 알려고 해도 알 수 없는 그것, 그래서 더욱 조심스럽게 다가갈 수밖에 없는 무엇인가를 향해 가는 행위를 가리킨다. 지금 여기가 아닌 저기를, 그리고 내가 아닌 타자를 향해 나아가는 사유의 운동, 그것이 애무이다. 자신이 처한 한계를 넘어서 가고자 마치 더듬이를 내밀듯 그렇게 조심스레 낯선 것을 향해 헤엄쳐 가는 것이 애무이다. 이처럼 애무는 알 수 없는 미지의 세계를 향해 나아가고자 하는 존재자의 염원을 나타낸다. 그렇기에 애무의 본질은 접촉이 아니라 우리가 접근할 수 없는 것에 대한 다가감, 가질 수 없고 소유할 수 없는 것에 대한 갈구라 하겠다. 어떠한 전제도 없이 그저 다가가는 미래를 향한 그리움과 같은 놀이가 애무이다. 그런 까닭에 애무는 언제나 충족되지 않으며, 늘 신비롭다.

자기가 아닌 타자를 향해 늘 나아가고자 하는 충동과 같은 애무는 무엇으로 고착된 것이 아니라 늘 유동한다. 애무는 정지하지 않고 움직인다. 이는 딱딱하고 고정된 것이 아니라 부드러우며 연약한 것으로 우리는 마치 애무를 하듯 그렇게 타자에게로 조심스럽게 다가간다. 다치기 쉽고 부서지기 쉬운 것을 어루만지듯 우리는 타자와 그렇게 마주해야 한다. 소유할 수도 없고 배제해서도 안 되는, 그런 까닭에 늘 갈망하게 되는 타자를 우리는 언제나 조심스럽게 애무하며 다가서야 하는 것이다. 이를 달리 표현하면 금지와 허용 사이에서 타자와 만나는 행위가 애무이다. 다가갈 뿐, 알지도 소유할 수도 없는 그래서 더 갈구하게 되는 타자를 향한 끊임없는 향함이 애무이다. 우리는 타자를 애무하듯이 만나고 사귀고 있는 것이다.

애무하듯 조심스럽게 다가가야 하는 존재자가 타자이다. 나와 처함이 다르고 그래서 이해가 다르고 삶이 다른 타자를 우리는 알 수도 소유할 수도, 더더욱 정복할 수도 없다. 우리는 타자와 마주하며 이전과 다른 새로움 앞에 설 뿐이다. 그러기에 우리는 애무를 하듯 그렇게 타자에게로 나아가야 하는 것이다. 이것이 타자와 관계하는 일이다. 다시 말해 타자란 내가 사랑해야 할 자이며, 조심스럽게 다가가야 할 이이며, 함께해야 할 사람이다. 우리는 이들과의 사귐이라는 사랑의 관계를 통해서 살아가는 존재자이다. 그러한 면에서 타자는 나를 살게 하는 생명의 유혹체이며, 애무는 생명을 향한 희구라 하겠다.

사랑이란 이처럼 자신 안에 머무르지 않고 다른 사람을 향해 나아가며 이전과 달리 새로운 존재가 되는 일이다. 그것이 이성 간의 사랑이든, 부자간의 사랑이든 사람과 사람 간의 사랑이든 레비나스는 모두 같은 논리로 이야기한다. 다시 말해 자신과 다른 이질적인 존재를 향하면서 그들과 더불어 새로운 존재자가 되는 것이다. 사랑은 이처럼 같음에서가 아니라 서로 다른 차이에서 이루어지는 것, 서로 다른 차이를 가진 사람이 자신과 다른 사람을 향하여 나아가는 행위가 애무이다.

애무란 이처럼 단순히 살갗을 더듬는 행위가 아니라 그것을 넘어 그 사람의 존재성을 어루만지는, 그래서 새로운 관계로 나아가는 일이다. 다시 말해 애무란 단지 신체의 일부를 더듬는 행위가 아니라 사람의 존재성에로 조심스럽게 다가가는 것, 그래서 물질을 입은 나와 너의 존재자 너머에 있는 그 무엇을 향하는 것이다. 이는 둘을 넘어선 제3의 무엇을 추구하는 일로서 단순히 내가 너를 지배하거나 소유하는 것이 아니라 내가 알지 못하는 전혀 다른 세계로 나아가는 것이다. 어쩌면 영원히 알 수 없는 그것을 향해 나아가는 것, 다가가면 갈수록 뒤로 미끄러져 가기에 끊임없이 그를 향하여 조심스럽게 다가가는 행위 그것이 애무이다.

내가 알지 못하는 낯선 세계, 새로운 세계를 향해 나아가는 몸짓이 애무이다. 달리 말해서 애무는 내가 아닌 다른 것, 알려고 해도 알 수 없는 그것, 그래서 더욱 조심스럽게 다가갈 수밖에 없는 행위이다. 지금 여기가 아닌 저기를, 그리고 내가 아닌 타자를 향해 나아가는 것이 애무다. 자신이 처한 한계를 넘어서 가고자 마치 더듬

이를 내밀듯 그렇게 조심스레 낯선 세계를 향해 헤엄쳐 가는 것이 애무이다. 애무는 그런 의미에서 알 수 없는 미지의 세계를 항해 나아가고자 하는 존재자의 존재 염원이라 할 수 있다. 그렇기에 애무의 본질은 접촉이 아니라 우리가 접근할 수 없는 것에 대한 다가감, 가질 수 없고 소유할 수 없는 것에 대한 갈구라 하겠다. 어떠한 전제도 없이 그저 다가가는 미래를 향한 그리움과 같은 놀이가 애무이다. 그런 까닭에 애무는 하여도 하여도 언제나 충족되지 않는 늘 신비로운 운동이다.

자기가 아닌 타자를 향해 늘 나아가고자 하는 충동과 같은 애무는 그러므로 무엇으로 고착된 것이 아니라 늘 유동하기 마련이다. 애무는 정지하지 않고 흐르는 것으로 딱딱하고 고정된 것이 아니라 부드러우며 연약하다. 우리는 마치 애무를 하듯 그렇게 타자에게로 조심스럽게 다가가야 한다. 다치기 쉽고 부서지기 쉬운 것을 다루듯 우리는 타자와 마주하여야 하는 것이다. 소유할 수도 없고 배제해서도 안 되는 타자를 우리는 조심스럽게 애무하며 다가가야 하는 것이다. 금지와 허용 사이에서 타자와 만나는 행위, 그것이 애무이다. 다가갈수록 점점 더 갈구하게 되는, 그래서 끊임없이 향하도록 하는 타자를 향함이 애무다. 우리는 타자를 애무하며 만나고 사귀며 사는 것이다.

타자는 이처럼 조심스럽게 다가가야 하는 존재이지 함부로 할 수 있는 대상이 아니다. 나와 처함이 다르고 그래서 이해가 다르고 삶이 다른 타자를 우리는 도무지 알 수가 없다. 그러기에 우리는 타자를 소유하거나 정복할 수도 없다. 우리는 다만 그와 마주하면서 이전과 다른 새로움 앞에 서서 애무를 하듯 그렇게 타자에게로 나아가야 하는 것이다. 타자와 더불어 조심스레 앞으로 나아가는 일, 마치 애무를 하듯 타자에게로 향하는 것, 이것이 우리가 타자와 관계하는 일이다. 타자는 내가 사랑해야 할 이이며, 조심스럽게 다가가야 할 존재이며, 함께해야 할 존재자이다. 우리는 이들과의 사귐이라는 사랑의 관계를 통해서만이 살아갈 수 있다. 그러한 면에서 타자란 나를 있게 하는 생명에의 유혹체이며, 애무는 생명을 향한 희구라 하겠다.

출산과 생산성

레비나스는 사람과 사람 사이의 관계를 남녀 관계, 부자 관계 그리고 애무 외에 출산으로도 이야기한다. 출산이란 나와 너와의 만남을 통해 새로운 존재자를 잉태하는 일로 이전에는 없던 새로운 생명을 낳는 일이다. 레비나스는 이처럼 사랑을 이전에는 없던 새로운 것을 낳는 생산성(fécondité)과 연결시킨다. 레비나스가 이와 같은 새로운 생명을 낳은 출산의 의미로 사랑을 이야기하는 까닭은 무엇일까.

레비나스는 그동안 서양 사유가 취해 온 사랑이란 구체적 행위로 이어지지 않은, 그래서 실제로는 책임을 갖지 않는 데에 따른 질책과 회의에서 시작한다. 오랫동안 사랑을 이야기해 온 종교가 지배한 땅에서 사람들은 사랑에 대한 이야기를 할 뿐, 정작 사랑은 하지 않은 까닭에 나치와 같은 폭력이 발생한 것이라 보고 레비나스는 구체적인 행위로 사랑을 이야기한다.

레비나스에게 사랑이란 막연한 느낌이나 감정, 생각이 아닌 구체적 책임이 따르는 행위여야 한다. 레비나스는 사랑을 누가 누구에 의해서 일방적으로 이끌리는 감정이나 관계로서가 아니라 서로가 서로를 존중하는 가운데 이전과 달리 새로워지는 일로 이야기한다. 사랑은 자신의 감정에 충일함, 그래서 자신의 생각을 상대에게 일방적으로 강요하거나 배제하는 것이 아니라 오히려 상대방의 말에 귀를 기울이며 그가 하는 말에 경청하고 응답하는 일을 말한다. 그리고 그와 더불어 이전과 다른 새로운 존재자로 거듭나는 일, 그것을 사랑이라 하는 것이다.

레비나스는 이와 같이 사랑을 이상적이고 관념적이며 낭만적인 사랑의 어휘로가 아니라 출산과 같이 구체적인 행위 지평, 그것도 일상적 삶 안에서 이야기한다. 레비나스의 이러한 태도는 나치의 경험은 물론 그가 살면서 경험한 모든 현실과 무관할 수 없을 것이다. 사랑을 이야기하지 않는 사람·지역·민족·시대·종교는 없지만 실제로 사랑하고 있는가 하는 것은 별개의 문제임을 지적하는 레비나스는 사랑에 대해 이전과 다른 구체적인 행위 차원에서 개진한다.

사랑을 한다고 하면서 구체적인 행위는 없는 사랑의 말놀이나 동호반복적인 자기끼리 관계하는 그런 사랑의 형태에 대해 레비나스는 예리하게 비판하면서 이러한 사랑은 엄밀히 말해서 사랑이라고 할 수 없다고 선언한다. 레비나스의 생각에 사랑은 자신과 다른 것과의 만남을 통해서 이루어지는 것으로 이전과 이후의 변화가 수반되어야 하는 것이다. 그런데 변화는 자신과 다른 타자와의 관계 속에서 생성되는 생산성을 전제해야 하는바, 이는 동일성이 아닌 차이성에서 주어짐을 레비나스는 강조한다.

사랑은 자신과 다른 타자와의 관계이며, 이질적인 것과의 만남이며, 이타적인 것과 마주하는 것이다. 레비나스는 타자를 자기화하거나 배제할 것이 아니라 환대할 수 있어야 한다고 한다. 그에 의하면 타자란 나를 불편하게 하는 자가 아니라 나를 새롭게 하는 자라 한다. 그러므로 타자를 억압하거나 배제하지 않고 사랑으로 환대를 하는 것이 타자만이 아니라 자신을 살리는 일이기도 하다는 것이 레비나스의 의견이다. 다시 말해 타자란 나를 살게 하는 자임을 레비나스는 출산을 통해 설명하는 것이다.

출산은 사랑의 관계에서 생기는 것이다. 이는 이전과 다른 새로운 생명을 낳는 일이다. 자기 안에서, 자기만으로는 새로운 생명은 있을 수 없다. 출산은 나와 다른 타자와의 사랑의 관계에서만 이루어지는 것이다. 타자를 배제하거나 동화시키려 하는 지금과 같은 허울뿐인 사랑으로는 출산과 같은 새로운 삶은 만들어 낼 수 없다. 지금과 같은 자기들끼리의 사랑놀음은 사람들을 새로움 앞으로 이끌어 낼 수 없다. 그러한 사랑놀음은 날로 풍요로운 세계를 살게 하기보다 오히려 사람들을 이전과 같은 동일성 안에 가둔다. 그래서 점점 고착되고 고질화된 이데올로기가 되어 시간의 경과와 더불어 사람들을 죽음으로 내몰 뿐이다. 레비나스는 자기 안에 갇혀서가 아니라 자기를 넘어서 타자와 마주하며 그와 더불어 실질적이고 생산적인 관계를 형성해 갈 것을 출산을 통해 주창한다. 이것이 레비나스가 말하는 사랑의 관계이다.

그러나 현실은 이와 사뭇 다르다. 사람들은 자신과 다른 사람들을 불편해 하고 두려워한다. 그래서 사람들은 그들을 제압하고 가두려 한다. 우리는 더불어 같이 행복한 삶을 살아가기보다 서로 배제하고 투쟁하면서 힘들고 고통스러운 삶을 살고 있는 까닭은 뭔가. 지구상에 끊임없이 벌어지고 자행되는 다툼과 분쟁, 그리고 폭력과 전쟁은 바로 이러한 사랑의 부재로 인해 초래된 일이 아닐까.

레비나스는 바로 이러한 현실에 근거하여 서로 배려하고 환대하며 사랑할 것을 우리에게 요청한다. 그것도 아주 구체적이고 점차적으로 행위할 것을 요구한다. 이러한 구체적 행위에 근거한 사랑만이 우리를 책임 있는 주체로 살아갈 수 있게 하며 또한 우리가 살고 있는 세계도 달라질 수 있다는 것이다. 레비나스는 세계란 무력이나 힘이 아니라 사랑에 근거한 책임 있는 행위를 통해서 변화해 갈 수 있음을 보여 주고자 한다.

사랑이 우리를 구원할 수 있나

과연 레비나스가 말하듯이 우리가 사랑을 하면, 그래서 타자를 환대하면 세상은 정말 평화로워질까. 그러면 나는 행복할 수 있을 것인가. 보다 나은 세상을 위하여 사람들은 저마다의 생각을 주장해 왔다. 사회주의자들은 평등을, 자본주의자들은 물질의 풍요를, 종교가들은 신앙을, 형이상학자들은 비물질적인 정신세계를 추구할 것을 이야기해 왔다. 그러면 레비나스가 말하고자 하는 것은 무엇인가. 그가 말하는 것이 타자에 대한 사랑이라면 그가 말하는 사랑이 정말 우리를 구원할 수 있을까. 타자를 배려하고 사랑하는 환대의 윤리가 이 세상을 변화시킬 수 있을 것인가.

서슴없이 다른 사람을 비하하며 소외시키고 폭력을 행사하는 세상에서 레비나스의 이야기는 어떤 의미가 있을까. 지금도 유령이 되어 떠도는 마르크스와 마주칠 때, 그리고 이전보다 더 긴 노동의 시간에 내몰린 도시의 근로자들에게, 더 빨리 더 많이 더 먼저라는 속도전으로 다른 사람은 오직 극복해야 할 대상이요, 물리쳐야 할 경쟁자요, 딛고 올라서야 할 발판이라 교육받은 이들에게, 과연 레비나스의 나지막한 목소리가 얼마나 힘이 될 것인가.

대중 안에서 더욱 고독해지는 현대인들에게, 좋은 시설과 복지는 단지 자본의 유무에 따를 뿐이라 여기는 사람들에게, 사람에 대한 책임보다는 경제 논리가 더 중요하다고 여기는 정책 입안자들에게, 개인의 권리는 누리되 사회의 책무를 등한시하는 지식인들에게, 과연 레비나스의 이러한 외침이 들리기나 할까. 기후변화는 점점 더 확연해지고, 자원을 선점하기 위한 각국의 경쟁은 더욱 치열하며, 새로운 병원체의 창궐은 과학의 발전과 속도를 넘어서는데 과연 레비나스의 환대 윤리는 정말 사람들을 변화시킬 수 있을까.

우리는 간혹 자신과 전혀 무관한 사람들을 위해 마음과 물질, 그리고 시간을 쓰는 사람들을 본다. 누가 시켜서가 아니라 이해관계가 있어서가 아니라 기꺼운 마음으로 행하는 사람들이 있다. 그들은 본래부터 선한 품성을 지녔기 때문일까. 도대체 어떤 힘이 그들을 그렇게 행하게 하는 것일까. 레비나스는 성악설이나 성선설과 같은 본성론에 기대지 않고 나와 다른 존재자인 타자를 어떻게 인식하는가에 따라 우리의 태도도 달라질 수 있을 것이라 한다. 즉 나와 다른 차이를 가진 존재자인 타자를 우리가 어떻게 마주하느냐에 따라 우리의 삶도 충분히 변화 가능하다는 것이다.

사유하는 사람은 자신만이 아니라 자신이 마주하고 있는 모든 것들을 달리 인식하기에, 우리는 사유함으로써 자신이 마주하고 있는 것들이 무엇인지 통찰할 수 있다고 한다. 그리고 이런 통찰에 근거하여 우리는 무엇을 어떻게 행하여야 하는지 알게 된다고 하는 것이다. 그래서 우리는 사유함으로써 기꺼이 타자를 환대할 수 있고 그래야만 한다는 것이다. 그러나 이는 결코 쉬운 일은 아니다. 더욱이 각종 속도전에 내몰린 현대인이 사유한다는 것은 생각처럼 그리 수월한 일은 아니다. 자기 자신도 돌아보기 어려운 처지에 있는 사람이 자기와 다른 남을 자신보다 더 귀하게 여기는 것은 진실로 어려운 일이다. 특히 눈에 보이는 가시적인 것에 매료되고 즉각적으로 살아가는 데 익숙해진 현대인에게 내가 전혀 알지도 못하고, 이해관계도 없는 타자를 그렇게 사랑한다는 것은 어쩌면 가장 어려운 일인지도 모른다. 하지만 레비나스는 그럴 수 있어야 하고 그럴 때만이 우리에게 희망이 있음을 이야기한다.

사유는커녕 서로 알려고 하지도 않고 설사 안다고 하여도 책임은 지지 않으려는 사람들, 그들은 가중되는 삶의 무게 때문인지 자신의 일에 대해서도 책임지기를 버거워한다. 현대인들은 현실에서 책임을 져야 하는 모든 일로부터 자유롭기를 원한다. 외롭기는 하지만 책임 지기는 싫은 이들은 서로를 소외시키고 있다. 사회적 존재인 우리는 나와 다른 사람들과 더불어 살아가야 하건만 사람들은 사람들의 얼굴을 마주하지 않는다. 그래서일까. 현대인들의 얼굴은 참으로 무표정하다. 다른 사람에게 듣는 이야기엔 공감하는 법도 없이 그저 시간을 연장하는 삶을 살아가고 있을 뿐이다.

레비나스는 이러한 현실을 직시하고 우리에게 얼굴과 얼굴을 마주할 것을 청한다. 기기가 아닌 실제로 나와 같이 살아가는 주위의 사람들 바로 그들에게 레비나스는 따뜻한 눈길로 얼굴과 얼굴을 마주할 것을 권한다. 얼굴과 얼굴을 마주하며 사람과 사람 사이에 진정한 만남과 배려, 타자에 대한 돌봄과 보살핌을 구체적으로 행할 것을 레비나스는 환대의 윤리로 청한다. 그럴 수 있을 때만이 우리는 사람일 수 있고 사람다워지며 미래에 소망을 가질 수 있음을 이야기한다. 레비나스는 지금 여기를 사는 존재자의 구원이란 우리 밖에서 일방적으로 이루어지는 것, 즉 추상적이거나 관념적 놀이가 아니라 지금 여기에서 타자와 함께 만들어 가는 구체적 일에 있음을 분명히 한다. 다시 말해 레비나스는 구원은 타자와의 사랑의 관계에 근거한 환대의 윤리에 의해서 비로소 가능하다고 하는 것이다.

일상성과 구원

구원을 초월적인 세계와 연결짓지 않고 이와 같이 우리들이 살아가는 일상적 삶 안에서 이야기하는 레비나스는 우리가 일상생활 안에서 행하는 구체적인 행위, 즉 타자와 만나고 관계하는 일이야말로 바로 우리가 사는 일이요, 생명을 영위하는 일이라 한다. 그가 이전 사람들과 달리 구원을 일상적인 삶의 문제로 이야기하는 까닭은 무엇일까. 더욱이 그가 유대인임에도 불구하고 서구의 지배적인 구원론과 달리 일상적 삶 안에서 구원을 이야기하는 까닭은 그가 존재가 아닌 존재자의 철학을 하기 때문인가. 그는 이를 통해 무엇을 이야기하고 싶은 것인가.

아마도 그것은 그가 살면서 겪은 일들과 무관할 수 없을 것이다. 그가 목격한 폭력과 전쟁 그리고 자신과 다르다는 사실 하나만으로 타자를 배제하고 소외시켜 나가는 차별과 불평등은 우리의 일상적 삶 안에서 실제로 일어난 일이기 때문일 것이다. 그러므로 이에 대한 구원도 구체적인 현실의 일상 속에서 실질적으로 일어나야 한다는 것이 그의 생각이 아닐까. 레비나스는 이를 위해 먼저 존재와 다른 존재자의 존재성을 해명하고, 존재자인 우리는 왜 자신과 다른 타자와 더불어 살아가야 하는지에 대해 논의한 후, 존재자의 구원은 바로 여기에서 이 세상을 살아가는 존재자와 존재자의 관계성에 달렸다며 이를 타자에 대한 배려와 보살핌이라는 구체적 행위로 이야기한다.

레비나스에 따르면 우리는 그저 있는 존재가 아니라 물질을 입고 홀로서기를 하고 있는 몸을 가진 존재자이다. 물질이라는 몸을 입고 시간과 공간 안에 들어선 존재자는 자신이 입고 있는 물질에 영향을 받기 마련으로 우리는 일정한 시간과 공간이라는 환경세계에 제한되기 마련이다. 그렇기에 존재자인 우리는 자기와 같은 그러나 자기와 다른 존재자와 관계하며 이를 극복해 가야 한다. 물질을 입고 사는 존재자는 자기가 처한 세계 속에서 자기와 다른 존재자와 만나며 이전과 달리 새로운 삶을 영위해 가야 하는 것이다. 그러므로 자신과 다른 존재자인 타자와 영향을 주고받으며 살아가는 존재자에게 구원이란 타자와의 관계에 달려 있다고 할 수 있다. 그것이 레비나스가 말하는 구원이다. 레비나스는 타자를 만나 이전과 다른 새로운 존재로 거듭나는 구체적 행위를 통해서만 생명을 이어 갈 수 있으며 구원은 다름 아닌 타자와의 관계, 즉 타자와 어떻게 마주하는가에 달려 있다고 한다.

"삶은 물질과의 투쟁 속에서 그의 일상적 초월이 늘 같은 지점으로 되돌아오는 것을 방해하는 사건을 만날 때 그때만이 구원의 길이 될 수 있을 것이다. 이 초월 즉 빛의 초월을 떠받치고 외부 세계에 현실적 외재성을 부여하는 이 초월을 파악하려면 구체적 상황, 향유 속에서 빛이 주어지는 상황, 즉 물질적 실존으로 되돌아와야 한다.”

『시간과 타자』 중에서

물질을 입고 사는 존재자에게 구원은 관념적이거나 추상적이 아니라 아주 실질적이고 구체적이어야 하는바, 물질적인 것을 배제하고는 구원을 이야기할 수 없다며 레비나스는 물질을 입고 사는 존재자의 구원을 자기와 같이 물질을 입고 사는 존재사와의 관게로 이야기한다. 다시 말해 존재자에게 구원은 자기와 같이 물질을 입은 다른 사람을 돌아보고 배려하는 일이라 하며 레비나스는 타자에게로 나아감, 즉 타자의 얼굴을 마주하는 사귐이야말로 우리들의 구원이라 한다. 그런데 이때 타자를 돌보고 배려하는 일은 막연한 사랑을 외치는 것이 아니라 다른 사람, 타자에 대해 실질적으로 책임을 지는 구체적 행위라며 레비나스는 구원을 매우 실질적이고 구체적인 것으로 보고 있다.

“다른 사람의 얼굴에 들어 있는 요청이란 다른 사람을 홀로 두지 말라는 명령이다. 설사 정이 끌리지 않더라도 말이다. 그것이 사귐의 바탕이요, 남녀간의 사랑이 아닌 사랑의 바탕이다. 다른 사람의 죽음을 염려하는 것, 그것이 책임의 밑바닥에 깔려 있다.” 『윤리와 무한』 중에서 레비나스에 의하면 타자를 만나고 사귀며 사랑하는 것은 곧 나와 다른 타자를 섬기는 일이다. 나와 다른 사람을 섬기는 일은 그에게 자신을 내어 주는 일로 다른 사람을 위해 나의 모든 것을 나누는 일이다. 그렇다고 자신의 삶을 포기하는 것은 아니다. 분명한 것은 내가 있기 위해서 다른 사람의 권리를 무시해서는 안 된다는 것이다. 내가 다른 사람을 위해 존재하지 않듯이 다른 사람도 나를 위해 존재하지 않기 때문이다. 그런 의미에서 타자는 나의 대상이 아니라, 그도 나와 같이 욕망하고 행복하기를 원하는 나와 같은 주체이다. 내가 나의 욕망과 행복을 위해 살아가듯이 그 역시도 그의 욕망과 행복을 위해 살아가는 존재자이다. 그러기에 나의 입장 또는 그의 입장만이 아니라 서로 배려하고 보살피는 것이 중요하다. 타자를 함부로 한다면 그도 나를 함부로 하게 될 것은 너무도 자명하다. 그러기에 우리는 나의 생각에 앞서 그가 하는 이야기를 귀담아듣고, 그의 바람이 나와 더불어 실현될 수 있도록 나의 일정 부분을 내어 주어야 한다. 내가 먼저 그리한다면 그도 기꺼이 그렇게 할 것이기에 우리 모두가 다 잘 살기 위해서는 무엇보다 타자를 배려하고 돌보는 일이 중요하다고 레비나스는 이야기한다. 그렇다고 나의 희망을 소실하는 것이 아니라 그도 나도 더불어 같이 더 풍성하게 만들어 가는 것, 그것이 우리 모두가 바라는 세상이 아니겠는가라며 레비나스는 우리의 구원을 일상의 삶의 구체성 안에서 논한다.

이것이 레비나스가 말하는 타자에 대한 환대의 윤리이며, 이를 가능하게 하는 것은 사랑이고, 일상적 구원의 행위다. 그렇다면 레비나스가 말하는 사랑은 우리가 알고 있는 사랑, 즉 다른 사람이 말하는 사랑과 어떤 차이가 있나. 레비나스는 사랑을 특정한 영역으로 제한하거나 논하지는 않지만 그는 사랑을 현재 우리에게 일어나고 있는 일들에 대해 우리가 어떻게 행하여야 하는가를 아는 일과 결부시킨다. 즉 레비나스는 오늘날 우리가 당면하고 있는 폭력과 갈등, 그리고 분쟁에 대해 도대체 우리가 무엇을 어떻게 해야 하는가를 물으며 사랑에 대한 논의를 진지하게 전개해 간다.

> "미래와의 관계, 즉 현재 속에서의 미래의 현존은 타자와 얼굴과 얼굴을 마주한 상황에서 비로소 실현되는 것처럼 보인다. 얼굴과 얼굴을 마주한 상황은 진정한 시간의 실현이다. 미래로 향한 현재의 침식은 홀로 있는 주체의 일이 아니라 상호주관적인 관계이다 시간의 조건은 인간들 사이의 관계 속에 그리고 역사 속에 있다."
>
> 『시간과 타자』 중에서

우리가 지금 처한 현실은 어떤 누구에 의해 일방적으로 주어진 것이 아니라 바로 우리의 행위의 결과라며 레비나스는 우리가 아파하고 고민해야 하는 이유가 바로 여기에 있음을 토로한다. 사람은 다른 생명체와 달리 자신의 환경을 스스로 만들어 살아가는 존재이기에 현실의 모든 문제는 우리의 문제가 아닐 수 없다며 문제에 대한 해결 역시도 우리 하기에 달렸다고 하면서 우리들의 책임에 대해 논한다. 레비나스가 생각할 때 모든 사람을 죽음으로 내몬 전쟁도, 모든 사람을 살리는 평화도 결국은 우리가 어떻게 하는가에 달린 문제라 하는 것이다.

때문에 레비나스는 서로 차별하고 배제하고 갈등하고 분쟁하기보다 서로 인정하고 환대하고 같이하며 사랑할 것을 이야기한다. 그것도 아주 구체적인 일상적인 삶 안에서 행해지는 구체적 사랑의 행위이어야 한다는 것이다. 레비나스는 타자를 환대하는 아주 구체적이고 일상성 안에서 사랑을 논한다. 사랑은 어떤 특정한 대상에 대한 헌신이나 현실과 괴리된 유토피아를 추구하는 것이 아니라 우리들의 일상적인 삶 안에서 일어나는 아주 작고 사소한 일에서부터 구체적으로 행위하는 일이어야 한다는 것이다.

이전의 서구가 사랑을 관념적이고 추상적이며 이념적으로 이야기한 탓에 입으로는 사랑을 외쳤지만 실제 현실은 이와 달리 전쟁이라는 참상을 가져오고 말았다며 레비나스는 사랑은 어떤 특정한 일이나 사람에 한정되어서가 아니라 우리들의 삶 속에서 누구나 늘 끊임없이 행해야 하는 일이라 하는 것이다. 마치 우리가 매일같이 먹거리를 취하여야만 생명을 이어 갈 수 있듯이 사랑 또한 그러하다는 것이다. 즉 나와 다른 이들과 만나 그가 가지는 이질성을 함께하면서 이전과 달리 새로움 앞에 서는 것 그것이 사랑이라고 하는 것이다. 사랑도 먹거리처럼 일상적인 삶 안에서 끊임없이 실질적이고 구체적으로 행해져야 하며, 그때만이 실질적인 사고의 변화, 그래서 삶의 변화에 다른 세계의 변화가 가능하다고 하는 것이 레비나스의 입장이다.

우리를 변화하게 하는 것은 강제된 힘이나 슬로건 또는 이념이 아니라 우리들이 살아가는 삶의 일상성 안에서 있는 작은 일들에 대한 태도 변경임을 새삼 강조하는 것이다. 레비나스는 구원이 특정한 힘을 가진 누구에 의해 이루어지는 것이 아니라 일상적 삶 안에서 모든 이들이 함께 이루어 가야 하는 것임을 이야기한다. 다시 말해 내가 마주하는 나의 타자를 구체적으로 사랑하는 일에서부터 구원은 시작되는 것이라 하는 것이다. 이처럼 레비나스는 세상은 대단한 힘을 가진 자나 구호에 의해서가 아니라 아주 작은 일상의 삶 안에서 구체적으로 행할 수 있을 때에야 가능한 것임을 다시 한번 구원의 문제로 강조한다.

"구원과 만족의 진정한 관계는 고전적 관념론이 알아차렸고, 현대의 실존주의가 끝까지 유지하고 있는 그런 것이 아니다. 구원은 그 기초의 단단함을 확보하기를 요구하는 좀 더 고차원의 형식처럼 그렇게 욕구의 만족을 요구하지 않는다. 우리의 일상적 삶은 … 정신 활동을 통해 끊임없이 극복되는 단순한 동물성의 연속이 아니다. … 경제적 투쟁은 이미 그 자체로 구원을 위한 투쟁이다. 왜냐하면 그 투쟁은 '홀로서기'의 변증법에 뿌리를 두고 있고 그 변증법에 의해서 최초의 자유가 정립되기 때문이다."

『시간과 타자』 중에서

구원에 대한 레비나스의 입장은 그동안 서구의 지성사가 추구해 온 사랑에 대한 관념과 종교가 취해 온 구원의 개념과 상치되는 부분이 있다. 그러나 레비나스는 구체적인 일상적 사랑에 의한 구원이야말로 유대교는 물론 기독교의 전통과 오히려 부합되는 참다운 구원이라고 하면서 다른 사람을 책임지는 일은 무한의 영광을 중언하는 일이요. 계시를 받는 길이라 한다. 다른 사람에 대해 응답하는 사람은 예언자 정신과 계시가 있는 사람이라며, 예언자 정신은 사람다운 일의 조건으로 보이지 않는 그래서 주체가 될 수 없는 신, 하나님의 다른 표현임을 그는 숨기지 않는다.

"윤리란 거룩함의 요청이다. 누구도 내 의무를 다했다고 말할 수 없다. … 그런 뜻에서 어떤 제한 구역을 넘어서는 개방성이 있다고 할 것이다. 무한이란 그렇게 드러난다. 그렇게 드러난다(manifestation)고 해서 '속을 벗겨 보인다(devoilement)는 것은 아니다. … 이는 다른 사람 앞에서 내가 여기 있나이다!'라고 할 때 이 '내가 여기 있나이다'라는 말을 통해 무한이 언어로 들어온다."

『윤리와 무한』 중에서

레비나스에게 사유하는 일인 철학은 곧 종교요, 그에게 종교란 삶이다. 그에게 있어 윤리적 문제는 무한한 신의 부름에 '내가 여기 있나이다' 하고 응답하는 일이요. 이는 현실 세계에 대한 구원의 확증이고 살아 있음에 대한 증언이며, 구체적 삶에 대해 책임을 지는 일이다.

"나는 앞에서 역사 현실이 어떻게 진행되든 늘 책임을 내가 지고, 세상을 받치고 있는 것도 나라고 했다. 그런 이야기와 지금 하고 있는 예언 및 종교의 이야기는 어긋나지 않는다. 예언에 대한 이야기를 두고 어떤 이들은 내게 아직 메시아 사상이 있지 않느냐고 묻는다. 또는 사람의 폭력이 사라지고 사람다움이 존재의 껍질을 뚫고 모든 것이 밝히 드러나는 그런 역사의 종국에 대한 생각을 해야 되느냐고 묻는다. 나는 이렇게 답했다: 메시아 시대를 기대하려면 메시아의 약속이 없더라도 윤리의 의미를 인정해야 한다고."

『윤리와 무한』 중에서

윤리가 되었든 종교가 되었든 레비나스에게 중요한 것은 지금 여기에서 구체적으로 사랑하는 일, 행위하는 일로서의 삶이다. 가장 힘이 없을 것 같은 것이 어쩌면 가장 힘 있는 일일 수 있음을 레비나스는 역설의 논리로 우리에게 전한다.

　"참으로 사람다운 삶은 있음의 차원에 만족하는 조용한 삶이 아니라는 것이다. 사람답게 사는 삶은 다른 사람에 눈뜨고 거듭 깨어나는 삶이다. 철학 전통에서 자신 있게 말하는 것과 달리, 있음이 곧 있어야 할 이유가 되지 않는다. 이른바 conatus essendi(존재의 충동)를 모든 권리와 의미의 근거로 볼 수 없다."

『윤리와 무한』 중에서

그리고 레비나스는 동시에 또다시 우리에게 묻는다.

　"내가 있을 권리가 있는가? 세상에 있으면서 나는 다른 사람의 자리를 차지하지는 않는가? 아무 생각 없이 너무나 당연하게 있음 안에 자리 잡고 있는 것을 뒤흔든다."

『윤리와 무한』 중에서

　레비나스의 이와 같은 존재자 중심의 철학은 모든 것들을 경제적 가치로 환원해 버리며 한 생명의 고귀함과 귀중함을 망각하고 자기와 다른 것을 차별하며 소외하고 배제하는 이 시대에, 그래서 점점 더 자기중심적 개인주의와 이기주의로 치달아 가는 이 세상에서 우리가 정작 돌아보아야 할 것들이 무엇인가를 말해 준다. 레비나스는 그런 의미에서 사람을 경쟁의 상대나 자신의 목적과 이익을 위한 수단이나 방법으로만 대하지 말고 서로 섬기고 보살펴야 하는 존귀한 자로 여길 것을 우리에게 권면한다. 사람은 지배하고 배제해야 할 대상이 아니라 함께해야 할, 나와 같은 그러나 나와 다른 사람으로 우리는 이들을 기쁘게 맞아들이고 존중해야 한다고 레비나스는 말한다.

레비나스의 환대의 윤리는 나치의 학살만이 아니라 자본의 논리에 따른 황금만능주의, 그리고 결과만으로 모든 것을 평가하는 결과주의와 조기에 성과를 낼 것을 독려하는 조기성과주의가 팽배한 현대사회에서 우리로 하여금 어떻게 살아야 할 것인가에 대해 시사하는 바가 크다. 즉 자신만의 성취를 위해 다른 사람을 수단과 방법으로 전락시키거나 무관심으로 일관하는 우리들에게 레비니스는 타자를 기쁜 마음으로 환대할 것을 소리 높이 외친다.

레비나스의 이러한 생각은 『전체성과 무한*Toalité et Infini, Essai sur l'extériorité*』이라는 그의 책에 아주 잘 기술되어 있다. 책 제목에서도 알 수 있듯이 레비나스는 사람의 존엄성을 무화시키는 가장 큰 원인을 특정 중심의 주체철학에서 찾으며 근대의 주체철학이 어떻게 차별을 만들며 전체라는 이름으로 사람들의 삶을 기만하고 폭력을 양산, 자행해 가는지를 아주 면밀히 밝힌다. 그리고 이를 극복하기 위해 레비나스는 존재가 아닌 존재자의 철학을 존재윤리의 차원에서 무한윤리로 다루며 타자에 대한 환대의 윤리를 이야기하는 것이다.

그런 까닭에 나와 다른 존재자인 타자가 가지고 있는 차이를 지우는 일, 즉 동일성의 논리로 같음을 지향하거나 강요하는 일은 단순히 타자의 존재성을 망각하는 일이기만 한 것은 아니다. 이는 다른 측면에서 보면 자신의 존재성 또한 훼손하는 일이기도 하다. 왜냐하면 타자란 우리 삶을 달리 만들어 가는 매혹체이기도 할 뿐만 아니라 타자는 다른 얼굴을 한 또 다른 나이기도 하기 때문이다.

그런 의미에서 레비나스는 마주하는 타자에 대한 인식전환을 통해 우리의 행위를 달리함으로 평화의 세상을 구현코자 하는 것이리라. 아직도 무수히 많은 사람, 지역, 국가, 종교, 민족, 이념을 앞세우며 서로를 향해 쏘아 대는 것들이 과연 우리를 살게 하는가를 묻는다면 레비나스의 이런 주장이 단순하고 무력하고 이상적이기만 하다고 할 수 있을까. 가장 작고 구체적인 것이 가장 힘이 있다는 사실을 우리는 레비나스의 돌봄과 배려의 윤리를 통해 다시 한번 알 수 있지 않나. 늘 하지 못하는 이유를 대기에 바쁜 우리가 레비나스의 이야기가 너무 대단하고 어려운 일이 아니기에 오히려 할 수 없다고 또 핑계를 대지만 않는다면 우리에게도 희망은 있지 않을까.

그의 말대로 세상의 모든 것은 결국 사람하기에 달린 것이라 한다면 그러고 보면 모든 것은 윤리의 문제가 아닐 수 없다. 다른 것들의 문제이기 전에 그것을 그것이게 하며 있는 우리들의 존재성, 윤리야말로 모든 일의 근본적인 토대가 아닐까.